10 Lições sobre
HUSSERL

Dados Internacionais de Catalogação na Publicação (CIP)
(Câmara Brasileira do Livro, SP, Brasil)

Guilhermino, Daniel
10 lições sobre Husserl / Daniel Guilhermino. – Petrópolis, RJ : Vozes, 2024. – (Coleção 10 Lições)

ISBN 978-85-326-6857-8

1. Fenomenologia 2. Husserl, Edmund, 1859-1938 I. Título. II. Série.

24-203760 CDD-142.7

Índices para catálogo sistemático:

1. Husserl : Fenomenologia : Filosofia 142.7

Cibele Maria Dias – Bibliotecária – CRB-8/9427

Daniel Guilhermino

10 Lições sobre
HUSSERL

Petrópolis

Rua Frei Luís, 100
25689-900 Petrópolis, RJ
www.vozes.com.br
Brasil

Editoração: Piero Kanaan
Diagramação: Editora Vozes
Revisão gráfica: Alessandra Karl
Capa: Editora Vozes
Ilustração de capa: Studio Graph-it

ISBN 978-85-326-6857-8

Este livro foi composto e impresso pela Editora Vozes Ltda.

Sumário

Prefácio

A inteligibilidade de uma obra não é necessariamente proporcional à magnitude de seu impacto nas gerações subsequentes. Essa frase parece se aplicar bem a Edmund Husserl, fundador da fenomenologia, escola filosófica que, no decorrer do século XX, forneceu recursos conceituais para várias áreas do conhecimento, tais como psicologia, ciências cognitivas, sociologia, sem falar da influência em campos tão diversos da filosofia, como a ética, a epistemologia e a metafísica. Ainda assim, muitos interessados nas análises conceituais formuladas na tradição fenomenológica encontram consideráveis dificuldades de entendimento ao passarem para a leitura dos textos de seu fundador, que são marcados por exposições densas e pelo emprego do jargão técnico de difícil manejo.

Este livro esmerado de Daniel Guilhermino vem mitigar tais problemas. Centrados em grandes tópicos da obra husserliana, os capítulos conseguem esboçar de forma muito competente tanto a amplitude temática quanto o desenvolvimento histórico do projeto fenomenológico.

Husserl iniciou sua carreira acadêmica como matemático e dedicou-se à problemática da origem de conceitos aritméticos na experiência subjetiva. Posteriormente, próximo à época da escrita de *Investigações lógicas*, distingue entre a experiência como uma ocorrência empírica e como portadora de um conteúdo ideal. Essa diferenciação lhe permitiu elaborar análises da manifestação ou fenomenalização dos objetos que não se confundem com estudos psicológicos factuais. Elabora-se aí o projeto de uma fenomenologia como exame da constituição do sentido da experiência, entendendo-se que é pela mediação de sentidos que podemos reconhecer e ter acesso a quaisquer tipos de objetos. Husserl expande consideravelmente o alcance de suas reflexões no período de publicação do livro *Ideias para uma fenomenologia pura e para uma filosofia fenomenológica*, em que propõe a fenomenologia como ciência eidética e transcendental da consciência tomada como a região do ser absoluto. Destacam-se aqui problemas metodológicos marcantes, tais quais a redução fenomenológica e a investigação das essências. Consolida-se também o papel da temporalidade como o processo último que permite tornar inteligível a fenomenalização intrínseca a toda experiência. Posteriormente, Husserl esforça-se para mostrar que as análises fenomenológicas não se limitam aos aspectos essenciais dos temas, o que poderia sugerir que só se obtêm delas resultados abstratos. As situações concretas de nosso mundo, inclusive em sua inescapável historicidade, também são abarcáveis pelo método fenomenológico. Essa perspectiva permite a Husserl diagnosticar uma grave crise na cientificidade contemporânea, a qual teria repercussões na ordenação geral da cultura. A fenomenologia conteria os meios teóricos para superar tal crise e renovar o alcance da própria racionalidade humana. Eis o amplo escopo recoberto pelas lições contidas neste livro. O retorno aos textos originais de Husserl atribui rigor à leitura e a concisão na exposição oferece ao leitor, mesmo que sem qualquer contato prévio com a obra husserliana, um delineamento seguro do longo e imodesto percurso filosófico trilhado pelo fenomenólogo.

Marcus Sacrini

Primeira lição

Do matemático ao filósofo

"Devemos ter o cuidado para não banalizar o passado" (Husserl *apud* Schuhmann, 1988, p. 110), profere Husserl dois meses antes de sua morte. Longe de ser banal, sua vida foi inteiramente devotada à filosofia, ou melhor, à transformação da filosofia em ciência rigorosa. Ciência deve ser aqui compreendida sobretudo como aquilo capaz de prevalecer diante das tendências, das modas, do sabor das circunstâncias e da ideologia. Conforme Husserl constata, "as ideologias podem entrar em disputas, [mas] só a ciência é que pode trazer decisões, e estas são eternas" (1965, p. 68, acréscimo nosso). Afirmação categórica para aquele que sequer se sentia confortável com o título de filósofo, considerando-se muito mais um iniciante. Husserl reconhece que teve de "renunciar desde cedo" à ideia de filósofo sistemático que desenvolve uma lógica, uma ética e uma metafísica, tendo reduzido seus esforços ao "ideal de um adequado iniciante", chegando somente na velhice à "completa certeza, perante si mesmo, de que pode se considerar um *verdadeiro* iniciante" (Husserl, 1986, p. 160-161). É assim que o fundador da fenomenologia, uma das correntes mais importantes da filosofia contemporânea, conclui que "quase tem a esperança – se lhe fosse concedida a idade de Matusalém – de se tornar finalmente um filósofo" (Husserl, 1986, p. 161).

Essas notas autobiográficas são condizentes com o teor de sua filosofia. Husserl acreditava ter conquistado "uma nova região do ser até agora não delimitada naquilo que lhe é próprio" (Husserl, 2006, p. 83)[1], e supunha, com isso, ter antevisto "a terra infinitamente aberta da verdadeira filosofia, a 'Terra Prometida', cuja forma plenamente cultivada o próprio autor não vivenciará" (Husserl, 1986, p. 161). Mais do que uma simples conquista teórica, essa verdadeira filosofia deve ser vivida como uma revolução espiritual da humanidade, nomeadamente como

---

1. Todas as obras de Husserl traduzidas para o português serão citadas conforme a tradução, embora a paginação se refira à edição da coleção Husserliana, sempre presente nas edições em português. Somente no caso destas obras: *Ideias para uma fenomenologia pura e para uma filosofia fenomenológica* (doravante *Ideias I*) e *A filosofia como ciência de rigor*, a paginação se refere às edições brasileiras, que não contêm referência à Husserliana. Responsabilizo-me pela tradução de passagens de obras que não tiveram edição em português.

a “história do desfazer-se da humanidade finita no fazer-se humanidade de tarefas infinitas” (Husserl, 2012a, p. 325). Essas passagens já nos indicam a seriedade com a qual o fundador da fenomenologia concebia sua empreitada intelectual. Assim, o “eterno iniciante” Husserl, ciente de ter descoberto um novo território para a filosofia absolutamente rigorosa, mas uma filosofia que não é doutrina nem sistema, e sim um “horizonte universal de trabalho” (Husserl, 1986, p. 161), afirma que:

> Tentarei guiar, não doutrinar, tão só mostrar, descrever o que vejo. Não reivindico mais do que, em primeira linha perante mim mesmo e só então também perante os outros, poder falar segundo o meu melhor saber e consciência, como alguém que viveu até o fim o destino de uma existência filosófica em toda a sua seriedade (Husserl, 2012a, p. 17).

Essa vocação filosófica, contudo, tardou a maturar. Nascido em 1859, em Prossnitz, na Morávia (então parte do Império Austro-Húngaro, hoje parte da República Tcheca), filho de judeus não ortodoxos, Edmund Gustav Albrecht Husserl se casou com Malvine Steinschneider em 1887, com quem teve três filhos, um dos quais morreu durante a Primeira Guerra

Mundial. Husserl concluiu seus estudos do ensino básico em Olomouc (*Deutsches Staatsgymnasium Olmütz*), na Morávia. Sobre seu desempenho escolar, relata um colega de classe: "Ele era muito dorminhoco... Não tinha nenhum interesse na escola, com a única exceção de que se saía muito bem em matemática" (Schuhmann, 1988, p. 120). Esse bom desempenho em matemática tem uma história peculiar: no sexto ano, os professores decidiram reprová-lo no exame final, afirmando que "ele [havia os] enganado durante todos esses anos" (Schuhmann, 1988, p. 110, acréscimo nosso). Segundo o relato de sua esposa Malvine Husserl, foi essa a ocasião para a primeira demonstração da incomparável intensidade de trabalho de Husserl, pois ao saber da reprovação, levantou-se às 5 da manhã e se inteirou de toda a matéria, que ainda lhe era totalmente estranha. Assim, "percebeu a imensa beleza das teorias matemáticas – um resultado fatídico" (Schuhmann, 1988, p. 110).

Ao chegar o *Abitur*, em 1876, exame que conclui o ensino básico na Alemanha, Husserl foi o único a ter que fazer o exame oral em todas as matérias. Após a avaliação, ainda segundo relato de Malvine Husserl, o diretor disse orgulhosamente ao presidente: "Sr. conselheiro, Husserl foi nosso pior aluno" (Schuhmann, 1988, p. 110).

O encanto pela matemática, contudo, já estava estabelecido. Assim, ao concluir o ensino básico, Husserl iniciou em 1876 seus estudos em matemática, física, astronomia e filosofia nas universidades de Leipzig, Berlim e Viena. Em Leipzig, estudou inicialmente filosofia com Wilhelm Wundt, fundador do primeiro instituto de psicologia experimental; embora se acredite que esse período não tenha impactado em sua formação (Schuhmann, 1977, p. 4). Em seguida, conheceu Tomáš Masaryk, que se tornou "mentor e amigo" (Schuhmann, 1977, p. 4), e de quem recebeu os primeiros ensinamentos não só sobre filosofia, como sobre a vida; tendo inclusive influenciado na conversão de Husserl ao protestantismo em 1886 (Schuhmann, 1977, p. 16). Masaryk aconselhou entusiasticamente Husserl a assistir às preleções de Brentano, que havia sido seu professor em Viena anos atrás (Schuhmann, 1977, p. 5). Brentano se tornaria um dos principais mestres de Husserl e possivelmente sua principal referência filosófica.

Antes de ir a Viena, porém, matriculou-se, em 1878, na Faculdade de Filosofia de Berlim, que, à época, tinha uma reputação invejável em matemática. Abandonou, então, definitivamente a astronomia em favor dos estudos matemáticos e filosóficos. Em Berlim, durante seis semestres, estudou com grandes nomes das ciências matemáticas, como Leopold Kronecker e Karl Weierstrass. São esses dois que, segundo relata o próprio Husserl, deixaram-lhe "uma marca indelével" (Schuhmann, 1977, p. 6). Vale ressaltar que foi Kronecker, um matemático, o primeiro a despertar o interesse por Descartes em Husserl. Já Weierstrass, um dos fundadores da teoria moderna das funções e um dos principais nomes da análise moderna, é quem desperta o interesse de Husserl para uma fundamentação radical da matemática, o que mais tarde atuará como fio condutor da primeira obra do fenomenólogo: *Filosofia da aritmética*, de 1891. Mais do que essa investigação particular no domínio da matemática, a influência de Weierstrass abrange todo o espírito científico de Husserl. Em Berlim, o fenomenólogo assiste a todas as preleções do matemático (Schuhmann, 1977, p. 6). Conforme relata sua esposa, Husserl dizia com frequência: "Aprendi com Weierstrass o *ethos* de meus esforços científicos" (Schuhmann, 1988, p. 112).

Foi principalmente de dois matemáticos, portanto, que Husserl adquiriu seus primeiros ímpetos filosóficos. Kronecker foi o primeiro a lhe despertar o interesse pela filosofia (Schmit, 1981, p. 17) e Weierstrass foi quem lhe chamou a atenção não só para a técnica, como para a filosofia da matemática, incutindo-lhe a preocupação pela fundamentação do cálculo. A pergunta pelo fundamento é uma questão não só matemática, como filosófica: não se trata apenas de mostrar *que* a matemática funciona, mas de elucidar *como* ela funciona. A pergunta pelo *como* é necessariamente uma indagação filosófica, e isso, de fato, pode ser visto na obra madura de Husserl. Em 1907, ao apresentar o problema-chave da fenomenologia como problema do conhecimento, sugeriu que o enigma da filosofia não é *que* o conhecimento seja possível, mas precisamente *como* é possível (Husserl, 2020, p. 36). O espanto filosófico inicial do jovem Husserl sobre o enigma particular do funcionamento da análise matemática se estende, assim, para o enigma do conhecimento em geral, sendo esse muitas vezes apresentado como a pergunta fundamental de sua fenomenologia.

Em 1883, Husserl conclui seu doutorado em Viena sobre o cálculo de variações. Depois de um ano de serviço militar voluntário, retornou a Viena em 1884 para seguir o conselho de Masaryk e estudar com Brentano, e será ele, com efeito, o responsável pela decisão definitiva de Husserl de se dedicar à filosofia. Eis o relato a esse respeito:

> Em uma época em que meus interesses filosóficos estavam crescendo e eu estava em dúvida se deveria continuar com a matemática como a profissão da minha vida ou me dedicar inteiramente à filosofia, as preleções de Brentano foram o fator decisivo. Assisti a elas pela primeira vez por pura curiosidade, para ouvir de uma vez por todas o homem que era o assunto de Viena na época (Husserl, 1987, p. 304-305).

É da confluência entre Weierstrass e Brentano, portanto, que se dá a base da formação inicial de Husserl, sendo difícil separá-la explicitamente entre uma via matemática e outra filosófica (Ierna, 2017, p. 148). Isso se confirma em 1929 pelas palavras do próprio fenomenólogo, que, em agradecimento aos presentes pela ocasião de seu aniversário de 70 anos, destaca que seus principais professores foram Brentano e Weierstrass (Schuhmann, 1977, p. 345).

Entre os anos de 1884 e 1886, Husserl assistiu aos diversos cursos de Brentano, o que foi decisivo para sua formação. Brentano se tornará conhecido pela obra *Psicologia de um ponto de vista empírico*, de 1887, e o fenomenólogo ressaltará diversas vezes, na maturidade, que é tributário da concepção brentaniana de psicologia descritiva e de intencionalidade, este último que se tornaria um dos conceitos centrais da fenomenologia. Mas os cursos de Brentano que Husserl frequentou durante os estudos em Viena versavam principalmente sobre lógica e filosofia geral. É digno de nota que um curso sobre David Hume lhe provocou um "efeito duradouro" (Schuhmann, 1977, p. 14). É Brentano quem também lhe familiariza com Bernard Bolzano (Schuhmann, 1977, p. 14), cuja teoria das "representações em si" será decisiva para a ideia da lógica pura – ideia central da obra inaugural da fenomenologia, *Investigações lógicas*, de 1900-1901. É nesse período, ademais, que as investigações lógicas e filosófico-matemáticas do fenomenólogo se coadunaram com a ideia de ontologia (Schuhmann, 1977, p. 16-17), o que será decisivo para o desenvolvimento da fenomenologia.

Em 1886, Brentano recomenda que Husserl vá estudar com Carl Stumpf em Halle, que viria a ser seu orientador da tese de habilitação, o mais alto grau acadêmico à época. Stumpf é conhecido como fundador da psicologia experimental, e foi ele o primeiro nome de peso a usar o termo fenomenologia para designar um campo de estudos que considerava fundamental para a investigação científica (Spiegelberg, 1965, p. 53), muito embora sua fenomenologia se diferenciasse bastante da futura fenomenologia husserliana.

Em 1887, Husserl submete sua tese de habilitação, intitulada *Sobre o conceito de número: análises psicológicas*, à Universidade de Halle-Wittenberg, obra que é avaliada por nomes como Georg Cantor, matemático que elaborou a moderna teoria dos conjuntos. O trabalho o qualificou para ser *Privatdozent* (professor não remunerado) na mesma universidade, cargo que exerceu entre os anos de 1887 e 1901. Sua tese será futuramente incorporada no texto *Filosofia da aritmética*. Essa obra, com o subtítulo de: "investigações lógicas e filosóficas", é dedicada a Franz Brentano, e seu principal objetivo é a fundamentação filosófica e psicológica da aritmética, o que serviria como etapa preparatória para o projeto de aritmetização da análise de Weierstrass – o projeto de fundamentar o cálculo na aritmética. Nessa época, Husserl compreendia que o trabalho de fundamentação filosófica deveria ser executado pela psicologia descritiva – o que lhe rendeu uma poderosa resenha crítica de Gottlob Frege, um dos principais nomes da lógica matemática moderna, que acusou Husserl de ser "psicologista" (Frege, 1977).

O período que vai de 1891 até 1900 é o período de maturação dos conceitos centrais da fenomenologia tal como ela primeiramente se apresenta na obra *Investigações lógicas*, publicada em dois volumes. O primeiro, *Prolegômenos à lógica pura*, contém um severo ataque a todo tipo de psicologismo, que é a ideia de que conceitos lógicos e matemáticos nada mais seriam do que fenômenos psíquicos, ou seja, nossa própria atividade de pensar. É a ideia de que as verdades da lógica e da matemática não existem de forma independente do pensamento. Husserl combate duramente o psicologismo, mostrando que ele conduz ao relativismo, e lhe contrapõe a ideia de que conceitos, ideias e teorias apresentam uma existência em si, independentemente da atividade de pensá-los. Não obstante essa existência independa do pensamento, tais ideias lógicas e conceitos são dados à consciência. Ou seja, calculamos, fazemos teorias, elaboramos juízos etc. Há que se investigar, então, como essas entidades em si são dadas para a consciência – e é a isso que se dedica o segundo volume da obra, intitulado *Investigações para a fenomenologia e a teoria do conhecimento*. A fenomenologia faz sua estreia, portanto, com a proposta de apresentar uma "teoria do conhecimento que reconhece o ideal como condição de possibilidade do conhecimento objetivo em geral e que não se equivoca sobre ele de um ponto de vista psicologista" (Husserl, 2012b, p. 112). Segundo relata o próprio Husserl, as principais inspirações para esse trabalho de clarificação do conhecimento foram Leibniz, Lambert, Bolzano e Lotze (Schuhmann, 1977, p. 26) – este último sendo aquele que reinterpretou a teoria das ideias de Platão em um sentido não metafísico, com a sua teoria das "proposições válidas", o que também influenciaria a filosofia de Gottlob Frege.

As *Investigações lógicas* representam um marco na carreira de Husserl, tendo sido reconhecida como uma obra de ruptura na filosofia por nomes como Wilhelm Dilthey, que viu nela uma possibilidade de fundamentar as ciências do espírito (Landgrebe, 2023); Bertrand Russell, que se referiu a ela como uma obra monumental (Landgrebe, 2023); Kurt Gödel, que declarou ser a fenomenologia a única filosofia da matemática que se mantinha de pé (Alves, 2012b, p. XVIII); entre outros. É essa obra inaugural que funda a chamada primeira escola de fenomenologia, cujo impulso inicial foi dado por Theodor Lipps, professor na Universidade de Munique, que logo reconheceu a originalidade das *Investigações lógicas* (Fidalgo, 1988, p. 427). Os discípulos de Lipps começaram a se interessar pela fenomenologia inicial e alguns foram até Gotinga estudar com Husserl, formando, por volta de 1907, um círculo de estudos fenomenológicos. Alguns nomes a se destacar dessa primeira escola de fenomenologia são: Adolf Reinach, Moritz Geiger, Johannes Daubert, Dietrich von Hildebrand, Hedwig Conrad-Martius, Wilhelm Schapp, Alexandre Koyré, Jean Héring, Roman Ingarden e Edith Stein. Ressalte-se, além disso, o pioneirismo dessa escola quanto à presença de mulheres na filosofia. Além de Conrad-Martius e Edith Stein (que foi assistente de Husserl), destacam-se também nomes como Gerda Walther e Charlotte Bühler, todas elas tendo estudado com Husserl e se firmado como as primeiras professoras mulheres nas universidades alemãs[2].

A obra que inaugura a fenomenologia rendeu a Husserl a posição de professor associado na Universidade de Gotinga, função que exerceu entre os anos de 1901 e 1916, sendo nomeado pelo ministro da educação, em 1916, como professor catedrático – não sem conflito com os representantes da faculdade de humanidades, que demonstravam pouco apreço pela filosofia e se interessavam predominantemente por estudos históricos e filológicos (Landgrebe, 2023).

---

2. Com respeito ao trabalho de filósofas na fenomenologia, conferir o projeto *Women in Early Phenomenology*. Disponível em: https://historyofwomenphilosophers.org/project/women-in-early-phenomenology/. Acesso em: 13 mai. 2024.

O período em Gotinga é de profundas transformações na vida e na filosofia de Husserl. É ali que se dá o início do esboço da fenomenologia como uma ciência filosófica universal, que Husserl designaria como fenomenologia transcendental. Essa transição da fenomenologia como uma psicologia descritiva para uma filosofia idealista transcendental, que tem por tema as estruturas essenciais da consciência pura, foi um tanto árdua. Em 25 de setembro de 1906, Husserl registra um momento dramático desse período:

> Em primeiro lugar, eu indico a tarefa universal, a qual eu preciso resolver por mim mesmo, se devo poder me chamar de filósofo. [...] Sem esclarecer para mim, em linhas gerais, a respeito do sentido, da essência, do método, dos principais pontos de vista de uma crítica da razão, sem ter um esboço geral concebido, projetado, constatado e fundamentado por ela, não posso verdadeira e autenticamente viver (Husserl, 2020, p. 13).

Essa transição culmina na obra que primeiramente apresenta ao público a fenomenologia madura: *Ideias I*, publicada em 1913. Seu principal objetivo é mostrar que a psicologia descritiva é insuficiente para o desenvolvimento da crítica da razão, e que esta última exige uma nova ciência: a fenomenologia pura.

Tal livro tem uma difícil recepção. A maioria de seus alunos considerou a transição para a filosofia transcendental como um retorno a um modelo de pensamento antigo, passando a rejeitá-la. Assim, mas também devido à guerra, a primeira escola fenomenológica se desfez (Landgrebe, 2023).

A recepção negativa por parte de alguns dos primeiros discípulos de Husserl não é difícil de se compreender. Na obra, Husserl apresenta algumas teses que, à primeira vista, soam um tanto polêmicas: a fenomenologia exige que se coloque a tese da existência do mundo para fora de circuito, o que é feito pela *epoché* fenomenológica. O fenomenólogo deve abandonar a atitude natural, aquela pela qual nos orientamos no mundo, e adotar uma atitude fenomenológica, que é precisamente antinatural, uma vez que não admite qualquer posição de existência. Mas o que resta, então? Dirá Husserl: a consciência pura. A consciência resiste à tese da aniquilação do mundo, o que significa que toda existência mundana é contingente e apenas a consciência tem uma existência necessária, não podendo ser suprimida ou posta fora de circuito. O corolário desse conjunto de teses é expresso nesta polêmica afirmação de Husserl:

> *O ser imanente é, portanto, indubitavelmente ser absoluto no sentido de que ele, por princípio,* nulla "re" indiget ad existendum [não carece de coisa alguma para existir].
>
> *Por outro lado, o mundo da "res"* [coisa] *transcendente é inteiramente dependente da consciência, não da consciência pensada logicamente, mas da consciência atual* (Husserl, 2006, p. 115).

Não é de se espantar, portanto, que a nova fenomenologia de Husserl seja considerada por muitos como uma recaída no idealismo absoluto; ao estilo de Berkeley, filósofo idealista moderno que defendia a controversa tese de que ser é ser percebido. Ora, não afirma expressamente Husserl que o mundo depende da consciência? A menção a Berkeley, ademais, não parece fortuita, uma vez que foi ele o primeiro filósofo que Husserl estudou, lá em 1876, e cujas ideias defendia perante seus colegas (Schuhmann, 1977, p. 5). Teremos a ocasião, contudo, de examinar algumas teses centrais do livro de *Ideias I* e mostrar que elas são bem menos polêmicas do que parecem.

Em 1916, Husserl é nomeado professor catedrático na Universidade de Friburgo, na Suíça. Estamos no período da Primeira Guerra Mundial, que Husserl compreende como o colapso espiritual da Europa. Tem início, em seu pensamento, uma guinada paulatina das reflexões sobre a fundamentação do conhecimento para uma reflexão acerca da cultura e da renovação espiritual da humanidade. Nota-se, contudo, que o fenomenólogo vincula estritamente a crise da humanidade com a crise das ciências, como nos mostra seus últimos escritos dos anos 1930.

No período em Friburgo, continua seus estudos sobre a clarificação fenomenológica da lógica e a análise das estruturas da consciência, o que culmina na sua obra talvez mais bem-acabada, *Lógica formal e transcendental: ensaio de uma crítica da razão lógica*, publicada em 1929. Como relata Ludwig Landgrebe (2023), assistente de Husserl em Friburgo, as aulas do fenomenólogo nesse período tomam um formato diferente, adquirindo muito mais o caráter de monólogo, dada sua maior preocupação em completar seu trabalho intelectual, do que em formar uma escola. Ainda assim, seus seminários foram frequentados por importantes figuras da filosofia contemporânea, como Rudolf Carnap, um dos principais nomes do Círculo de Viena, onde surge a corrente do positivismo lógico.

Seu reconhecimento ultrapassa as fronteiras da Alemanha depois da Primeira Guerra. Husserl é o primeiro acadêmico alemão a ser convidado para lecionar na Universidade de Londres, em 1922. Cinco anos depois, recebe o convite para escrever o verbete "Fenomenologia" para a *Enciclopédia Britânica*. Em 1928, leciona na Universidade de Amsterdã[3] e, em 1930, na Sorbonne. As preleções do fenomenólogo na Sorbonne são posteriormente traduzidas para o francês e publicadas em 1931 sob o título de *Meditações cartesianas*. Todas essas tinham o intuito de introduzir a fenomenologia ou de apresentá-la sob uma forma mais sistemática.

Husserl se aposenta em 1928 e é sucedido por Martin Heidegger, que se tornaria uma das principais referências em fenomenologia na Alemanha. Husserl chega a confidenciar a seus colegas, no início dos anos 1920, que a fenomenologia era "Heidegger e eu – e ninguém mais" (Crowell, 2013, p. 58). Contudo, ao ler a obra inaugural de Heidegger, *Ser e tempo*, publicada em 1927, Husserl se convence de que a "munda-

---

3. Os textos da *Enciclopédia Britânica* e das conferências de Amsterdã, bem como as conferências de Praga, que serão mencionadas posteriormente nesta lição, estão traduzidos para o português e foram publicados pela editora Vozes, no ano de 2022, sob o título: *Psicologia fenomenológica e fenomenologia transcendental – textos selecionados (1927-1935)*.

nização da fenomenologia" ali empreendida representava um retorno ao psicologismo transcendental (Schuhmann, 1994, p. 181). Os dois acabam rompendo os laços no final dos anos 1920.

Em 1933, ocorre a ascensão de Hitler ao poder. Husserl é convidado a ir para Los Angeles, mas se recusa (Beyer, 2022). Em função de sua ascendência judaica, é afastado da universidade e condenado ao silêncio na Alemanha. Sua solidão, contudo, não o impede de trabalhar. Como relata Landgrebe, foi nesse período que Husserl se deu conta da tarefa da fenomenologia de preservar a liberdade do espírito diante da opressão das circunstâncias externas (Landgrebe, 2023). Ademais, a solidão é compensada pelas caminhadas filosóficas diárias com seu assistente Eugen Fink e pela visita de vários acadêmicos e filósofos.

Em 1935, com ajuda de seu assistente Landgrebe e do Círculo Filosófico de Praga (*Cercle Philosophique de Prague*), Husserl é convidado para lecionar na capital da República Tchecoslovaca. Como relata Landgrebe, a soberania absoluta da filosofia, que pôde ser ouvida em um espaço que ainda estava sob ameaça do nazismo, causou uma impressão arrebatadora nos participantes (Landgrebe, 2023). Essas preleções em Praga resultaram em uma das suas mais conhecidas obras, *A crise das ciências europeias e a fenomenologia transcendental*, publicada, à época, apenas parcialmente, em um periódico para imigrantes. No período subsequente, em 1937, um ano antes de sua morte, Husserl desenvolveu um dos últimos e mais importantes conceitos da fenomenologia: o de mundo da vida. A obra completa da *A crise das ciências europeias e a fenomenologia transcendental* foi editada por Walter Biemel e publicada postumamente em 1954 – texto que condensa as reflexões de Husserl sobre o papel da fenomenologia e da ciência para a renovação espiritual da humanidade.

Em 1937, adoece gravemente. Em diversos momentos, o fenomenólogo compara o método da *epoché* fenomenológica com uma espécie de conversão religiosa, por exemplo na seguinte passagem:

> a atitude fenomenológica total e a *epoché* que dela faz parte estão vocacionadas essencialmente, em primeiro lugar, para uma transformação pessoal completa, que seria de comparar principalmente com uma conversão religiosa (Husserl, 2012a, p. 140).

No ano de sua morte, porém, afirma: "Vivi como um filósofo e me esforçarei para morrer como um filósofo" (Schuhmann, 1977, p. 488), o que indica sua não adesão a um credo religioso específico. Ainda assim, poucos dias antes de falecer, declara: "Deus me recebeu com graça. Ele me permitiu morrer" (Schuhmann, 1977, p. 489).

Husserl morre em 27 de abril de 1938. Além dos livros, preleções e artigos publicados em vida, deixou mais de 40 mil páginas de manuscritos inéditos. Esses manuscritos foram resgatados pelo franciscano Herman Leo Van Breda, que os levou para Lovaina e fundou, em 1929, o primeiro Arquivos Husserl. Atualmente, há Arquivos desses em Friburgo, Colônia, Paris, Nova York e Pittsburgh. Desde 1950, são responsáveis pela edição das obras completas de Husserl, reunidas na coleção Husserliana, que já conta com 43 volumes.

A abrangência temática dos escritos de Husserl é monumental. O filósofo que inicialmente se voltou para os problemas de fundamentação da matemática e que, em vida, apresentou sua fenomenologia sobretudo como crítica da razão, aborda, em seus manuscritos, temas como metafísica, ontologia, temporalidade, intersubjetividade, comunidade, cultura, antropologia, psicologia, ética, inconsciente, instinto, entre outros. Não à toa a fenomenologia é, hoje, considerada uma das mais ricas fontes de investigação científica nas mais diversas áreas. Além disso, a obra de Husserl influencia praticamente toda a filosofia ocidental contemporânea, além de fundar um movimento específico cujos principais expoentes são Martin Heidegger, Maurice Merleau-Ponty e Jean-Paul Sartre, mas cuja influência abrange nomes como Max Scheler, Emmanuel Lévinas, Jacques Derrida, Jan Patočka, Michel Henry, Jean-Luc Marion, Gabriel Marcel, Gilbert Ryle, Wilfrid Sellars, podendo se estender a lista indefinidamente.

Nas lições seguintes, abordaremos alguns dos principais temas dessa obra grandiosa do fundador da fenomenologia.

Segunda lição

Fundamentação da matemática

"Em sentido próprio, mal podemos contar até três" (Husserl, 1970, p. 339, tradução nossa). Essa é a quinta tese defendida por Husserl em sua *Disputation*[4] realizada na Universidade de Halle, parte da defesa da tese de habilitação. O tom aparentemente estranho dessa afirmação condensa uma das ideias centrais das primeiras investigações psicológicas do jovem Husserl. Por sentido próprio, Husserl compreende aquilo que *efetivamente* é possível fazer, como por exemplo olhar para a mesa e contar três livros em cima dela. A partir do quarto livro, não se conta mais efetivamente, mas apenas *simbolicamente*. Isso significa que a finitude do nosso intelecto é compensada por uma capacidade de

4. *Disputation* era literalmente uma "disputa": o candidato defendia algumas teses em arguição pública. Trata-se de um requisito parcial para a validação do doutorado em outro país (chamada *Nostrifikation*), que Husserl precisou realizar para validar, na Alemanha, seu doutorado obtido em Viena.

ver além daquilo que nos é dado no campo da sensibilidade, e esse ver além é capturado pelo conceito de simbólico. A distinção entre o simbólico e o intuitivo aparece pela primeira vez na obra de Husserl desta forma: o intuitivo é aquilo que se mostra efetivamente para mim[5]; o simbólico, aquilo que está além do meu campo perceptivo atual.

Quer isto dizer que o simbólico é falso? De modo algum. Husserl dirá, antes, que é nele que "se funda a mais segura de todas as ciências, a aritmética" (Husserl, 1970, p. 340). Além de ser a mais segura de todas as ciências, a aritmética é também a base de todas elas, o que é corolário da formalização que ocorre na ciência moderna por meio de Vieta e Descartes, e cujo sentido Husserl quer compreender (Klein, 1940, p. 148). Se é a aritmética que está na base da ciência, e se ela é fundamentalmente conhecimento formal e simbólico, então o conhecimento simbólico deve ser elucidado. Mas o que motiva essa elucidação? É que o cálculo, que se funda na aritmética, é um "procedimento cego com símbolos, seguindo regras mecânicas de transformação e transposição de signos no respectivo

---

5. "Intuição", em alemão, é *Anschauung*, cuja base é o verbo *schauen*, que significa "ver".

algoritmo" (Husserl, 1987, p. 7). Ora, se o que está na base da ciência é um procedimento meramente mecânico, então a ciência não é inteligível: ela é um simples fazer que não sabe o que faz. Para retirar a ciência desse estado de mera execução e alçá-la a um estágio de autoconhecimento, isto é, para levá-la da reprodução para a produção, é necessário esclarecer aquilo que é a base de seu operar: o conhecimento simbólico. É esse o impulso inicial das reflexões filosóficas de Husserl: a busca pela inteligibilidade das ciências.

O esclarecimento do conhecimento simbólico tem, para Husserl, um caminho bem-definido: trata-se de mostrar que ele não é arbitrário, isto é, que não está aí como que pairando no ar. Antes, tem sua base na intuição, que é, lembremo-nos, o conhecimento efetivamente dado a nós. O mais alto empreendimento intelectual, aquele que opera com as mais distantes abstrações da nossa sensibilidade, desponta da sensibilidade e remete a ela. A distinção entre o intelectual e o sensível, portanto, é uma distinção de nível: o conhecimento intelectual, isto é, aquele que lida com formalizações, abstrações etc., tem seu fundamento no conhecimento sensível, ou seja, aquele que podemos captar intuitivamente.

O conhecimento que é mediado, portanto, aquele que é formal e simbólico, deve ser reconduzido ao conhecimento imediato (aquele que é perceptivo e intuitivo). E, nessa fase de seu pensamento, Husserl entende que é a psicologia descritiva quem deve executar essa recondução. A ideia de psicologia descritiva é herdada de Brentano. Trata-se de uma psicologia pura, isto é, que classifica e ordena os fenômenos psíquicos para que então a psicologia empírica possa explicar como tais fenômenos ocorrem no ser humano em sua concretude psicofísica. Husserl dirá, posteriormente, que essa psicologia pura:

> é a ciência metodologicamente fundante para a psicologia empírica, no mesmo sentido em que as disciplinas matemáticas materiais (por exemplo, a geometria e a foronomia) são fundantes para a física (Husserl, 2006, p. 182).

Tentemos compreender essa psicologia descritiva por meio de um caso concreto, tal qual: a percepção. A psicologia descritiva não lida com os nexos de causalidade entre uma coisa e a minha visão da coisa, por exemplo mostrando como minha visão se dá por meio da luz que chega à retina, fazendo com que células enviem um impulso nervoso ao cérebro para que ele reconheça as imagens observadas. Antes, ela fará uma abstração desses nexos de causalidade, do próprio corpo, enfim dos fenômenos físicos, e lidará com a percepção pura. Seu objetivo é mostrar que sempre que percebemos um objeto, percebemo-lo em perspectiva, vemos apenas um de seus lados e presumimos os demais. E isto é assim para todo e qualquer fenômeno de percepção, uma vez que se trata da própria definição desse termo. Se algo é um fenômeno perceptivo, então ele se dá dessa forma: como visada de um objeto que se perfila à consciência. Outros seres podem ter outros processos de captação de estímulos em sua estrutura psicofísica, mas todo e qualquer ser, ao perceber algo, percebe-o por meio de perfis – ou "adumbramentos", segundo a terminologia de Husserl –, pois é esse o próprio sentido do termo "percepção". Essa é a tarefa da psicologia descritiva: determinar o sentido exato dos fenômenos psíquicos, tais quais representação, juízo, vontade etc., independentemente do arranjo psicofísico específico do sujeito portador desses fenômenos[6].

Mas o que tudo isso tem a ver com a clarificação do conceito de número e de conhecimen-

---

6. Uma boa explicação do conceito de psicologia descritiva é posteriormente desenvolvida por Husserl nos artigos para a *Enciclopédia Britânica*, que foram traduzidos e reunidos na obra *Psicologia fenomenológica e fenomenologia transcendental* (Husserl, 2022).

to simbólico? É exatamente essa a pergunta que Husserl faz no início de sua *Filosofia da aritmética*. No caso de conceitos como número, devemos "apontar para o fenômeno concreto pelo qual os conceitos são abstraídos e deixar claro a espécie do processo de abstração envolvido" (Husserl, 1970, p. 119). Mostrar como se dá a intuição do número, portanto, é tarefa da psicologia descritiva, uma vez que o fenômeno concreto do qual ele é abstraído é um fenômeno psíquico. Essa é a tese de Husserl que foi interpretada por muitos como psicologista: ou seja, como se ele estivesse afirmando que o número é uma atividade do pensamento.

O passo a passo da clarificação do conceito de número feito por Husserl é *grosso modo* como segue. O número é fundamentalmente a resposta à pergunta: quanto? E para respondê-la, é necessário contar. Logo, o número é o resultado do processo de contar, por exemplo quando conto um livro e uma caneta que estão à minha frente. Portanto, o número é uma relação entre esses dois objetos. Mas quando os vejo, vejo precisamente esse livro e essa caneta, e não o número dois. Para ver o número dois, é necessário suprimir o conteúdo daquilo que vejo. Assim, o número depende de um processo psíquico de abstração do conteúdo daquilo que eu conto. O número em seu sentido próprio, intuitivo, é, dessa forma, uma relação psíquica denominada *ligação coletiva*, que primeiramente abstrai dos conteúdos específicos dos objetos visados e então os unifica em um conjunto. O corolário dessa teoria é que o conteúdo intuitivo de um número é "o ato instituindo a relação" (Husserl, 1970, p. 69). Segundo Husserl (1970, p. 69), procuraríamos em vão o conceito de número no conteúdo das coisas que contamos. O número exige, antes, uma subtração desses conteúdos para que fiquemos com o puro "algo" dessas coisas. Não importa se aquilo que é unificado em um conjunto é um objeto real que vejo ou um objeto imaginado. Posso formar um conjunto peculiar como "um sentimento, um anjo, a lua e a Itália" (Husserl, 1970, p. 16), e isso representará o número quatro, já que tudo que está incluído nesse conjunto pode ser considerado "algo" (Husserl, 1970, p. 78).

Uma das coisas dignas de nota nessa teoria de Husserl é a seguinte: a relação que determina a intuição de número não é vista. Não posso pegá-la com as mãos. Eu vejo coisas, mas não a ligação entre elas. Diferentemente das relações primárias, que posso captar diretamente no conteúdo da coisa, por exemplo quando noto a relação entre cor e extensão de um objeto qualquer, a relação que nos dará a intuição do número é uma relação secundária, que "somente pode ser notada através de uma reflexão particular sobre o ato" (Husserl, 1970, p. 69) de contar. Intuir um número, portanto, é uma atividade um tanto peculiar: não é um ver puro e simples, não basta abrir os olhos. Antes, o que nos dá a intuição de um conceito é uma operação psíquica. Husserl retomará esse tema quando apresentar sua teoria da intuição categorial em *Investigações lógicas* – uma teoria tida como marca específica da distinção entre a fenomenologia husserliana e a filosofia de Kant, já que esta última separa rigorosamente intuição e conceito.

O número é, portanto, um ato de ligação coletiva, e isso mostra sua "natureza psicológica" (Husserl, 1970, p. 327). Dez anos depois, em *Investigações lógicas*, Husserl ainda dirá que o ato de ligação coletiva é o ato de intuição próprio da multiplicidade (Husserl, 2007a, p. 689-690). Ou seja, o número não em seu aspecto simbólico, mas intuitivo, é o ato psíquico de coligar. Por isso a consecução da fundamentação da aritmética é compreendida, nessa época, como parte da psicologia descritiva (Husserl, 1970, p. 328).

Mas e com relação àqueles números que não podemos efetivamente contar, isto é, aqueles que escapam à intuição e que Husserl denomina números simbólicos? O caminho para sua clarificação já conhecemos: retroceder da sua não doação para sua doação à consciência[7]. Para Husserl, esse retorno do número simbólico ao número intuitivo é possível por meio da sua decomposição em partes menores que possam ser dadas, intuídas. Qualquer número, por mais complexo que seja, pode, paulatinamente, ser reenviado à sua base intuitiva. No caso da matemática moderna, que opera com o sistema decimal, os números maiores são reenviados aos números base do sistema, que vão até dez, os quais podemos contar. Com isso, legitima-se os conceitos simbólicos da aritmética, "a mais segura de todas as ciências" (Husserl, 1970, p. 340), e se assegura que a formalização intrínseca ao proceder científico tem lastro no concreto, na intuição.

---

7. Aqui pode ser útil uma explicação técnica do termo "doação", sobretudo para quem está iniciando os estudos fenomenológicos. No português, em geral, compreendemos doação como uma atitude espontânea que parte do sujeito doador, por exemplo quando "doamos sangue" e coisas parecidas. Na fenomenologia, contudo, doação é compreendida como algo que parte do *objeto*, por assim dizer. Esse termo deve ser lido como algo que se dá a mim, algo que se apresenta à minha consciência, e não como algo que parte de mim para o objeto. Fenomenologicamente, digo, portanto, que tal objeto se doa, ou se dá, ao meu ato perceptivo, querendo com isso dizer que o objeto se apresenta à minha percepção.

A clarificação desse processo de intuição é, como vimos, parte da psicologia descritiva. Disso resulta que o trabalho de fundamentação filosófica da matemática compete à psicologia. Assim, é difícil distinguir nesse início do pensamento de Husserl entre filosofia e psicologia. Veremos como seu pensamento amadurece até se dar conta da necessidade dessa distinção.

Já nesse primeiro trabalho filosófico-psicológico, contudo, podemos ver algumas ideias centrais que continuarão a atuar no decorrer de sua obra, tais quais a concepção de visada simbólica; a necessidade de tornar inteligível as operações meramente mecânicas das ciências; e o apelo à intuição como fonte originária de legitimação do conhecimento. Nas lições posteriores, veremos como a explanação dessas ideias é parte do desenvolvimento e amadurecimento da própria fenomenologia.

Terceira lição

Fundamentação da lógica pura

Conforme dito na primeira lição, o período que vai da *Filosofia da aritmética* até *Investigações lógicas* é de amadurecimento das ideias centrais da fenomenologia, inaugurada nesta última obra em 1900-1901. O primeiro volume é intitulado *Prolegômenos à lógica pura*[8]. É aqui que Husserl empreende um veemente ataque a todo e qualquer tipo de psicologismo. A refutação dessa ideia é parte indispensável daquilo que é o objetivo central dessa obra inaugural da fenomenologia: o estabelecimento de uma lógica pura.

A importância da refutação do psicologismo se deixa entrever pelas palavras do velho Husserl, em 1936, que considerava os *Prolegômenos* "ainda hoje indispensáveis" (Husserl, 2014a, p. XLI). Mas o que é o psicologismo? É uma tese que

---

8. A partir daqui o subtítulo: *Prolegômenos à lógica pura* passará a ser chamado de *Prolegômenos*.

diz respeito à lógica. Trata-se da ideia de que os princípios da lógica e os teoremas matemáticos, por exemplo, nada mais seriam do que nossa atividade de pensá-los. Assim, o princípio da não contradição, que diz que "nada pode ser e não ser simultaneamente", não seria uma verdade em si, mas seria válido apenas porque quem o pensa não consegue concebê-lo como inválido, isto é, não consegue pensar algo sendo e não sendo ao mesmo tempo. Outros seres poderiam conseguir pensá-lo, e teriam, portanto, outras leis lógicas. Do mesmo modo, a operação matemática de que 2 + 2 = 4 só seria verdadeira para nós porque nosso pensamento nos obriga a reconhecê-la como verdadeira. Outros seres, com uma estrutura psíquica ou psicofísica diferente da nossa, poderiam calcular de outro modo e chegar a um outro resultado.

Contra essa ideia, Husserl defende que os princípios da lógica e da matemática são verdades em si, independentemente de quem os pense. O resultado é que "o que é verdadeiro, é absolutamente verdadeiro, é 'em si' verdadeiro; a verdade é idêntica e só uma, sejam seres humanos ou não, sejam anjos ou deuses que a apreendam no juízo" (Husserl, 2014a, p. 125). A refutação do psicologismo segue a linha de argumentação básica de refutação do relativismo – afinal, "o psicologismo, em todas as suas subespécies e formações individuais, não é nada mais do que um relativismo" (Husserl, 2014a, p. 130). O argumento é basicamente este: a atividade de pensar é um fato. Ora, todo fato é contingente, isto é, poderia ser de outro modo ou não ser. Se toda lei teórica nada mais é do que um fato contingente, então ela também poderia não ser. Logo, a tese defendida pelo psicologismo de que todas as leis se reduzem a fatos é também um fato contingente e poderia não ser. Por que então acreditar em uma tese que por definição poderia ser de outro modo ou não ser? O psicologismo suprime-se a si mesmo, na medida em que sua própria tese mostra que toda tese é contingente, o que nos força a considerar a tese psicologista também como algo contingente. Uma lei teórica não pode ser contingente, mas deve ser necessária. Logo, as afirmações psicologistas são um contrassenso, já que pretendem derivar "a necessidade das leis a partir da contingência dos fatos" (Husserl, 2014a, p. 130-131).

A consequência positiva da refutação do psicologismo é o reconhecimento de que conceitos lógicos e ideias teóricas apresentam uma existência em si, independente do pensamento. Com isso, Husserl legitima o discurso sobre objetos ideais. Assim como posso falar de objetos reais, cuja marca central é a temporalidade, posso também falar de objetos ideais, cuja marca é a intemporalidade. Posso falar tanto de árvores quanto de números. Aqui, Husserl remete às "verdades de razão" e às "verdades de fato", desenvolvidas por Leibniz; bem como às "relações de ideias" e às "questões de fato", de Hume, para marcar o "conhecimento correto das diferenças gnosiológicas mais fundamentais, a saber, a diferença entre o *real* e o *ideal*" (Husserl, 2014a, p. 190-191). A fenomenologia surge, portanto, estabelecendo rigorosamente a distinção entre realidade e idealidade: real é aquilo que é contingente e que perece no tempo; ideal é aquilo que é necessário e eterno. Ou seja, nossos atos de pensar se extinguem; as ideias pensadas não.

O reconhecimento de objetos ideais é essencial para o projeto de fundamentação da lógica pura. Por lógica pura, Husserl não compreende a elaboração de um sistema algorítmico ou de uma técnica formal de derivação simbólica. Antes, é uma disciplina um tanto mais abrangente do que o título de "lógica" deixa entrever. A lógica pura é uma disciplina *a priori*, isto é, uma disciplina rigorosa de validade universal – por isso a necessidade da refutação do psicologismo, para mostrar que leis teóricas não podem ser reduzidas a fatos psicológicos. Dessa forma, assegurado seu caráter *a priori*, eis como Husserl define a ideia de lógica pura:

> A lógica pura é o sistema científico das leis e teorias ideais fundadas puramente no *sentido* das categorias ideais de significação, i.e., nos conceitos fundamentais que são o patrimônio comum de *todas* as ciências, posto determinarem o que em geral, num sentido objetivo, faz das ciências, a saber, a unidade da teoria. Neste sentido, a lógica pura é a ciência das "condições de possibilidade" ideais, ciência da ciência em geral, ou dos constituintes ideais da ideia de teoria (Husserl, 2014a, p. 194).

Muito mais do que uma lógica simbólica, portanto, a lógica pura é uma teoria das ciências que investiga a cientificidade das próprias ciências. Como tal, investiga de que modo proposições se conectam para formar teorias, mas também como essas teorias são apreendidas pelo ato de conhecimento, uma vez que a lógica pura "inclui sem mais em si a vocação para a regulação prática do conhecimento" (Husserl, 2014a, p. 166), o que mostra que a ideia de *mathesis universalis* de Leibniz é o que está em sua base (Husserl, 2014a, p. 165).

A defesa da validade em si dos objetos ideais rendeu a Husserl a acusação de platonismo. Em 1913, ao comentar as *Investigações lógicas*, o fenomenólogo afirma que "toda lógica terminaria [...] se não fosse permitido que também as 'ideias' sejam válidas como objetos" (Husserl, 2002, p. 283). No livro de *Ideias I*, que analisaremos mais adiante, Husserl chamou atenção para a necessidade de separar rigidamente os conceitos de objeto real e objeto ideal. Além disso, reforçou que a acusação de platonismo só seria justificada caso houvesse uma confusão entre esses dois sentidos de objeto, conforme sugere:

> Se *objeto* e *real, efetividade* e *efetividade real*, significam uma só e mesma coisa, a apreensão de ideias como objetos e efetividades é certamente uma despropositada "hipóstase platônica". Mas se, como ocorreu nas *Investigações lógicas*, ambos são nitidamente separados, se objeto é definido como algo, por exemplo, como sujeito de um enunciado (categórico, afirmativo) verdadeiro, que escândalo pode ainda haver aí – a não ser que provenha de preconceitos obscuros? (Husserl, 2006, p. 66).

Ou seja, Husserl está certamente defendendo a ideia de que existem objetos eternos, intemporais, tais quais conceitos e princípios lógicos. Mas ao mesmo tempo, afirma, e isso já nas próprias *Investigações lógicas*, que eles "não são objetos que existam, senão em alguma parte no 'mundo', pelo menos num lugar celeste ou no espírito divino, pois tal hipóstase metafísica seria absurda" (Husserl, 2012b, p. 106). Trata-se, insistamos, tão somente de legitimar o discurso sobre objetos ideais e, por consequência, de estabelecer as condições para a elaboração de teorias científicas rigorosas de caráter *a priori* e universal.

Mas uma coisa é estabelecer a validade dos objetos ideais, afirmando que além de casas, árvores e pássaros; conceitos lógicos, teorias e números também *são* e também *existem*, ainda que de outro modo. Outra coisa é mostrar como o ato de conhecimento capta esses objetos ideais. Como um ato psíquico que é real, temporal e contingente teria acesso a um objeto que é irreal, intemporal e necessário? Husserl dirá que a clarificação suficiente da lógica pura exige que se esclareça a relação entre a *lógica* e o *pensar lógico*, ou seja, exige uma teoria do conhecimento (Husserl, 2014a, p. 262). Não basta nos contentarmos com o ser ideal das objetalidades lógicas: precisamos esclarecer como as conhecemos. Essa é a marca do "trabalho do filósofo", segundo Husserl. Sobre esse trabalho, dirá:

> Não basta ao filósofo que nos orientemos no mundo, que tenhamos leis e fórmulas pelas quais prevemos o curso futuro das coisas e reconstruímos o curso passado; ele quer trazer à luz o que é a essência da "coisa", "processo", "causa", "efeito", "espaço", "tempo" etc.; e, além disso, que espantosa afinidade tem esta essência com a essência do pensar, tal que pode ser pensada, com a essência do conhecimento, tal que pode ser conhecida, das significações, tal que pode ser significada etc. (Husserl, 2014a, p. 255).

Veja-se como desde o início o fenomenólogo confere um papel central ao problema do conhecimento para a filosofia. A construção de teorias "permanecerá sempre o território próprio do matemático" (Husserl, 2014a, p. 254); ao filósofo compete questionar a essência da teoria e dos seus componentes, o que é indissociável da questão sobre a essência do conhecer. Eis que Husserl anuncia, depois da publicação dos *Prolegômenos*, que a elucidação da lógica pura "exige investigações fenomenológicas (i.e., puramente descritivo-psicológicas, e não genético-psicológicas) e gnosiológicas muito aprofundadas" (Husserl, 2014a, p. 262). Certamente chama a atenção que Husserl equipare investigações fenomenológicas com investigações descritivo-psicológicas, depois de todo o ataque ao psicologismo. Veremos, no entanto, qual o sentido exato dessa investigação fenomenológica que, à época, ainda era compreendida como um capítulo da psicologia descritiva. Husserl pretende que essa psicologia descritiva não represente uma recaída no psicologismo duramente atacado nesse primeiro volume de *Prolegômenos*.

Quarta lição

Intencionalidade

Já na introdução da primeira edição do segundo volume das *Investigações lógicas*, Husserl discorre sobre a questão com a qual encerramos a lição anterior:

> A fenomenologia é psicologia descritiva. Por conseguinte, a crítica do conhecimento é, no essencial, psicologia ou, pelo menos, algo que só no campo da psicologia se pode edificar. Portanto, a lógica pura repousa também sobre a psicologia – para que, então, toda a luta contra o psicologismo? (Husserl, 2012b, p. 23).

A resposta está no seguinte: o psicologismo era a tese sobre a derivação de leis teóricas a partir de fatos. Ora, a psicologia descritiva, conforme vimos na primeira lição, não lida com fatos. Ela não é psicologia empírica. A psicologia descritiva que Husserl anuncia ser equivalente à fenomenologia na primeira edição das *Investigações lógicas* não fala de nenhum fato, de nenhuma natureza, de nenhuma concretude psicofísica determinada. Antes, fala de "percepções, juízos, sentimentos etc., *enquanto tais*, acerca do que lhes pertence *a priori*, numa generalidade incondicionada" (Husserl, 2012b, p. 23). Tal psicologia é uma psicologia pura, cujo tema é a essência da consciência, e não uma consciência específica, por exemplo a humana. A fenomenologia, afinal, segue o "princípio da ausência de pressupostos" (Husserl, 2012b, p. 24): ela não admite que suas investigações assumam aquilo que as ciências naturais afirmam a respeito das realidades físicas e psíquicas. Não importa o que a psicologia experimental reitere, por exemplo, sobre o aparato perceptivo humano. Não é que a fenomenologia negue esse conhecimento, ela tão somente não o utiliza. Antes, a descrição fenomenológica empreenderá uma neutralização dos fatos, das propriedades específicas das coisas, para investigar a essência, isto é, aquilo que deve pertencer a toda e qualquer consciência, quer seja humana ou não. Uma vez que a psicologia abstrai do sujeito psicofísico encarnado, mundano, e se concentra apenas nas estruturas das vivências psíquicas em geral, que todo e qualquer ser deve ter, então ela não tem o risco de recaída no psicologismo, pois o fato psíquico está fora de consideração.

Assim, o objetivo é sobretudo investigar como as vivências lógicas apreendem as objetalidades lógicas que existem em si, independentemente dessas vivências. Para isso, Husserl deverá investigar como funciona a relação geral entre vivência e objetalidade. Como se dá o "ser consciente" de algo? O que significa ter a vivência de uma verdade lógica? São essas as questões norteadoras do segundo volume das *Investigações lógicas*.

Primeiramente, alguns mal-entendidos são desfeitos. Não devemos compreender o termo vivência no sentido popular, como quando dizemos que vivenciamos tal acontecimento, pois isso aponta para uma existência real de acontecimentos que precisamente a fenomenologia não pretende levar em conta (Husserl, 2012b, p. 361). Logo, o conceito fenomenológico de vivência deve ser compreendido por meio da recuperação que Brentano faz do termo intencionalidade. Segundo a concepção brentaniana, a intencionalidade é a marca do psíquico. Da longa passagem em que Brentano apresenta as características da intencionalidade, Husserl herda principalmente a ideia de "referência a um conteúdo" e "direção para um objeto (pelo qual não se deve entender uma realidade)" (Husserl, 2012b, p. 380). O que se pretende enfatizar é que o modo com o qual a consciência se relaciona com os seus objetos se dá de uma forma diferente, caso se trate de um ato de representar um objeto, isto é, de visá-lo diante de nós; de um ato judicativo, como quando julgamos que uma coisa é verdadeira; de um ato de esperança, de temor, de dúvida etc. (Husserl, 2012b, p. 381). Ressalta-se que ato é, na terminologia fenomenológica, sinônimo de vivência intencional, e nada tem a ver com o sentido de uma atividade, de uma realização ativa por parte do pensamento (Husserl, 2012b, p. 393). Trata-se, portanto, de descrever os elementos essenciais desse *ter em vista* do ato psíquico, de como funciona esse visar nas mais distintas modalidades de consciência.

Um primeiro desdobramento do conceito de intencionalidade é que não devemos compreender a relação da consciência ao objeto como se o objeto entrasse na consciência, ou seja, como se a consciência fosse um receptáculo em que objetos que lhe são externos lhe tornassem imanentes, tal qual uma imagem formada na nossa interioridade. Husserl não cansará de enfatizar que as coisas não estão na consciência tal como estão numa caixa. Antes, a consciência se *direciona* ao objeto, *refere-se* a ele, e é esse visar o objeto, que é distinto do ato que visa, que caracteriza o fenômeno da *intenção* (Husserl,

2012b, p. 386). A intenção, portanto, deve ser distinguida do seu sentido usual de ser um ato da *vontade*, como quando tenho a intenção de estudar filosofia. Antes, Husserl usa esse termo para caracterizar a relação geral da consciência a objetos que lhe transcendem.

Esses objetos visados pelo ato podem muito bem ser objetos reais ou não. Tanto quando viso o deus Júpiter, como quando represento uma casa, o ato se direciona a esses objetos. Não é porque o deus Júpiter é uma fantasia que ele está dentro da consciência. Mas também não significa que ele exista fora do fenômeno psíquico, assim como existe uma casa. Antes, "ele não existe de todo" (Husserl, 2012b, p. 386). Isso não impede a consciência de se referir a ele, como quando afirmo que: o deus Júpiter não existe. Já no caso da casa, a referência se dará do mesmo modo, com a diferença óbvia de que aquela existe e este não. Por isso Husserl sugere:

> Para a consciência, o dado é essencialmente idêntico, quer o objeto representado exista, quer seja ficcionado, quer seja mesmo um contrassenso. Não me represento *Júpiter* de uma maneira diferente de *Bismarck*, a *Torre de Babel* de uma maneira diferente da *Catedral de Colônia*, um *polígono regular de mil lados* de um *sólido regular de mil faces* (Husserl, 2012b, p. 386).

Para a consciência, não interessa a existência ou não do objeto visado. Assim, tanto faz se ele existe ou não, já que o que interessa é analisar e descrever as estruturas essenciais desse visar o objeto. É por isso que qualquer tipo de objeto, seja ficcional, real ou ideal, poderá ser capturado pela terminologia técnica de *objeto intencional*. Todo objeto visado pela consciência é, portanto, um objeto intencional (Husserl, 2012b, p. 439).

É com base na caracterização da consciência como consciência intencional que Husserl se voltará para o problema da relação entre vivência e objetalidades lógicas. Essas objetalidades que, como vimos na lição anterior, são em si e intemporais, necessitam da sensibilidade para serem apreendidas. Ou seja, Husserl negará qualquer tipo de intuição intelectual para apreendê-las, como se fosse possível uma modalidade de acesso imediato da consciência a essas objetalidades ideais. Antes, seu modo de apreender será fundado no modo de apreensão de uma coisa sensível, por exemplo objetos dispostos à minha frente, tais quais livros, canetas etc.

Husserl caracteriza a percepção sensível como o ver puro e simples. Quando vejo um objeto à minha frente, por exemplo um livro, vejo apenas um lado dele. Nunca tenho um objeto sensível dado de modo completo à consciência, mas apenas de modo parcial. O mundo me é dado sempre em perspectiva. Em uma sequência no tempo, vejo os outros lados do objeto e vou complementando minha concepção acerca dele. Isso pode se dar efetivamente (como quando giro o livro em minhas mãos e percebo todos os seus lados) ou mesmo em imaginação (quando imagino estar pegando o livro e visualizando seus lados). Husserl denomina "fusão" esse ato de visualizar os demais aspectos do objeto. Em todos os casos de intencionar um objeto sensível, se eu não for vítima de uma ilusão, o que tenho diante de mim é o próprio objeto, o próprio "livro" no nosso exemplo. Por mais que eu vise o objeto indefinidamente, não terei nada de diferente daquilo que tive na minha primeira visada parcial, naquele primeiro olhar para um único aspecto dele. Quando vi pela primeira vez um lado do livro e quando o vi depois de o perscrutar em todos os seus lados, o que tinha antes e o que tenho depois é o mesmo objeto sensível: o livro. É isso, em suma, o que caracteriza o caráter imediato daquilo que Husserl chama de intuição sensível: "a unidade da percepção surge como unidade *simples*, *como fusão imediata* das *intenções parciais e sem acrescento de novas intenções de atos*" (Husserl, 2007a, p. 677).

Algo bem diferente se passa na visada intencional de objetos ideais, que Husserl denomina "intuição categorial". Lembremo-nos que ela é fundada na intuição sensível. Exige, portanto, que eu já tenha tido a intuição sensível apresentada anteriormente. Mas algo bem diferente se passa quando relaciono as visadas parciais do objeto no caso da intuição categorial. Quando vejo, por exemplo, um "papel branco", a intuição simples sempre me dará um papel branco, por mais que eu o vise em todos os seus aspectos. Já na intuição categorial, passa-se de outro modo. Vejo o papel e depois vejo o branco. Quando percebo então que há uma união predicativa entre papel e branco, percebo que há um elemento que escapa à minha sensibilidade, e que é justamente aquilo que realiza a predicação, que unifica o papel ao branco: a palavrinha "é", o "ser da cópula". Eu vejo o papel e vejo o branco, mas não vejo o ser que unifica ambos. Isso é válido para todos os elementos que articulam objetos sensíveis em relações de identidade predicativa, de comparação, conjunção, disjunção etc. Em todos esses casos, não vejo os elementos que fazem as articulações e que são designados por termos como "é", "ou", "e" etc. Diz-nos Husserl:

> Aquilo que corresponde intuitivamente às palavras *e* e *ou*, *ambos* e *um dos dois*, não se deixa [...] agarrar com as mãos, apreender com qualquer sentido; tal como também não se deixa apresentar propriamente em imagem, por exemplo, pintar (Husserl, 2007a, p. 687).

"Posso ver cores, não o ser-colorido" (Husserl, 2007a, p. 666). Diferentemente do que se passa com os atos de intuição sensível, o resultado da intuição categorial não é aquele mesmo objeto inicial, e sim um conceito. Quando viso o "ser" que articula predicativamente o papel branco, o resultado não é a visada de um papel branco, mas a visada do conceito, ou categoria, de identidade. A sensibilidade jamais me dará a identidade de um objeto. Quando fusiono as partes de um papel branco, tenho sempre um papel branco. Contudo quando saliento as partes de um papel branco e vejo que elas estão vinculadas em uma relação predicativa, tenho diante de mim a identidade. Isso é válido para todas as relações categoriais, como a relação conjuntiva, disjuntiva, de comparação, de parte e todo etc. É assim, *grosso modo*, que categorias lógicas, que são objetos ideais, são apreendidas pela consciência: é a consciência articulando os momentos de um objeto que é dado primeiramente na sensibilidade. Por isso, trata-se de um ato fundado no sensível, não obstante seu resultado seja um objeto não sensível.

Veja-se, ademais, que alguns temas da *Filosofia da aritmética* continuam operantes nessas primeiras investigações fenomenológicas de Husserl. A relação entre o simbólico e o intuitivo se manterá, e Husserl agora a chamará de relação entre "intenção de significação" e "preenchimento de significação" (Husserl, 2007a, p. 538). Quando tenho uma intuição sensível ou categorial, tenho um preenchimento daquilo que era meramente pensado. Esse é um dos principais resultados das *Investigações lógicas* a obter muita repercussão. A relação entre conceito e intuição não é mais compreendida como a relação entre faculdades distintas: uma faculdade da sensibilidade que nos daria o objeto sensível e uma faculdade do entendimento que os pensaria conceitualmente. Antes, essa diferença será uma diferença de nível: a sensibilidade me dá o objeto puro e simples e o entendimento articula esse objeto categorialmente, por assim dizer *extraindo* as categorias a partir da sensibilidade. Esse extrair, contudo, não *cria* as categorias, senão que é o meio pelo qual as apreendemos. As categorias existem em si, como nos ensinou a refutação do psicologismo. Assim, tanto objetos sensíveis quanto conceitos ou categorias nos são *dados*, ainda que de modo distinto. A categoria se emancipa da sua prisão no pensamento, o que é o resultado consequente da refutação do psicologismo. Isso é um dos principais ensinamentos da primeira fenomenologia, ensinamento que já foi caracterizado como reaprender a ver as coisas.

Quinta lição

Redução fenomenológica

Durante o verão de 1908, Husserl lecionou, na Universidade de Gotinga, um curso intitulado *Lições sobre a teoria da significação*. Ali, anunciou:

> Ao longo dos anos que decorreram desde o aparecimento das *Investigações lógicas*, não estive, naturalmente, parado. Os domínios de que ela tratava estavam quase inexplorados; abriu-se perante mim todo um mundo de problemas, um continente obscuro, mal explorado nas suas costas, quando me coloquei de forma resoluta no ponto de vista que costumo chamar de puramente fenomenológico: o conhecimento deve ser investigado a fundo em si próprio e segundo a sua essência, não com referência a um mundo efetivo previamente dado e não como um fato neste mundo (Husserl, 2007b, p. 5).

Essa investigação da essência do conhecimento sem referência a um mundo efetivo previamente dado já estava, de algum modo, presente nas *Investigações lógicas*. Agora, porém, isso será aperfeiçoado e sistematizado em uma ideia que Husserl desenvolveu entre os anos de 1901 e 1908: a redução fenomenológica.

A redução fenomenológica é sistematicamente apresentada na obra em que Husserl introduz sua fenomenologia madura, *Ideias I*, publicada em 1913. O título já anuncia, de certo modo, o teor dessa nova fase da fenomenologia: fala-se de *fenomenologia pura*, e não mais de fenomenologia como psicologia descritiva. Com efeito, é o intuito dessa obra anunciar de uma vez por todas que a fenomenologia é uma *nova ciência*, e que é ela a verdadeira responsável pela crítica da razão, sendo a psicologia descritiva insuficiente para tanto. O principal recurso metodológico utilizado por Husserl para explicar a fenomenologia pura é precisamente a redução fenomenológica.

A seção em que Husserl a apresenta é intitulada "Consideração fenomenológica fundamental". É nela que temos a caracterização daquilo que é denominado atitude natural: a atitude pela qual nos orientamos no nosso dia a dia sem sermos contaminados pela problemática do conhecimento e da crítica da razão. Na atitude natural, temos o mundo aí, à disposição: podemos tocar coisas, manuseá-las, ocupar-nos delas, assim como temos consciência do nosso próprio corpo, interagimos com outras pessoas e nos comunicamos com elas, fazemos planos, projetos, julgamos que algo é belo ou correto... em suma, vivemos no mundo prático como todo mundo. O mundo está aí para nós como "*mundo de coisas*, mas, em igual imediatez, como *mundo de valores*, como *mundo de bens*, como *mundo prático*" (Husserl, 2006, p. 75). Nessa atitude, sei que o mundo está aí adiante, e em um saber que "não tem nada do pensamento conceitual", que é "anterior a toda teoria" (Husserl, 2006, p. 74). Todas as demais ciências, compreendidas como ciências positivas, valem-se da tese da atitude natural, já que é nessa atitude que "eu encontro a 'efetividade', como a palavra já diz, e*stando aí*, e *a aceito tal como se dá para mim, também como estando aí*" (Husserl, 2006, p. 77). Não faz sentido que as ciências naturais não admitam seus objetos de estudo como efetividades existentes, pois, se assim fosse, elas suprimiriam a si próprias. Para todas as ciências, portanto, o mundo está sempre aí. Em resumo:

> Conhecê-lo de maneira mais abrangente, mais confiável e, sob todos os aspectos, mais perfeita do que o conhecimento empírico ingênuo é capaz de fazê-lo, solucionar todas as tarefas do

> conhecimento científico que se apresentam no seu terreno, eis a meta das *ciências de atitude natural* (Husserl, 2006, p. 78, tradução modificada).

Husserl anuncia, agora, que "em vez de permanecer nesta atitude, queremos modificá-la radicalmente" (Husserl, 2006, p. 78, tradução modificada). Essa modificação vai marcar a diferença entre a atitude das ciências positivas, aquelas que assumem a efetividade do mundo, e a atitude propriamente filosófica. A atitude filosófica realiza, enfim, aquilo que Husserl chama de *epoché* fenomenológica, tomando emprestado o termo *epoché* do ceticismo antigo. No exercício da *epoché*, que Husserl chamará de "redução fenomenológica", não se assume a existência do mundo como algo dado. Não se faz juízos sobre o mundo nem o tem como pressuposto para as ações. Antes, coloca-se fora de ação a tese da atitude natural. Explica Husserl que esse é um ato de plena liberdade. Embora tenha uma influência cética, a atitude fenomenológica dela se diferencia:

> não *nego* este "mundo", como se eu fosse sofista, *não duvido de sua existência*, como se fosse cético, mas efetuo a *epoché* "fenomenológica", que me impede totalmente de fazer *qualquer juízo sobre existência espaçotemporal* (Husserl, 2006, p. 81).

Trata-se, assim, de uma delimitação: enquanto as ciências da atitude natural falam do mundo factual e o explicam de modo cada vez mais detalhado, as ciências da atitude filosófica se abstêm de afirmações mundanas. Afinal, fatos são contingentes, eles poderiam ser de outro modo ou mesmo não ser. Logo, as ciências positivas jamais poderão alcançar aquele caráter de universalidade necessária exigido por uma ciência rigorosa, e que Husserl pretende atribuir à filosofia. Assim, a fenomenologia vai excluir todos os fatos do domínio de sua investigação, já que, enquanto ciência rigorosa, seus enunciados devem ter a força de uma necessidade e universalidade *a priori*. Por isso, a fenomenologia será pura, e não empírica, ou seja, não assumirá a efetividade do mundo como pressuposto para sua atuação.

Mas o que resta se excluirmos o mundo? O que resta para a fenomenologia investigar? O que é isso que tem a força de uma existência necessária e que poderá formar o domínio de investigação da fenomenologia? A resposta é: a consciência pura. Não se trata da consciência psicológica, essa que é parte do mundo, já que ela é sempre consciência de um ente efetivo, humano ou não. Essa consciência psicológica efetiva era ainda aquela operante nas *Investigações lógicas*, pois pressupunha a existência do mundo como seu suporte, apenas que não fazia asserções sobre esse suporte, na medida em que não abordava a estrutura psicofísica da consciência. Agora, a atitude fenomenológica nos obriga não só a não fazer asserções acerca do mundo efetivo, como a não o pressupor. Por isso seu tema de investigação será a consciência radicalmente purificada, e não apenas purificada ao modo da psicologia puramente descritiva.

Entretanto, o que de fato significa essa existência necessária da consciência? Husserl a explica com ajuda da tese do aniquilamento do mundo. Trata-se de um experimento imaginário. Supõe-se, com ele, que o mundo poderia ser totalmente diferente deste mundo que se apresenta diante de nós, com fatos e leis completamente diversos, ou mesmo que este mundo poderia não existir. Com essas suposições radicais, Husserl afirma que a consciência decerto se modificaria, seu fluxo de vivências seria outro, porém "permaneceria intocada em sua própria existência" (Husserl, 2006, p. 115). Assim, é certo que outros mundos, e mesmo o *não mundo*, modificaria as vivências da consciência – mas essas não deixariam de ser deste modo, afinal, "*nenhum ser real*, nenhum ser que se exiba e ateste por aparições à consciência, *é necessário para o ser da própria consciência*" (Husserl, 2006, p. 115). Quer isto pura e simplesmente dizer que a investigação da estrutura mínima da consciência, isto é, de seus componentes essenciais, não depende do mundo: o mundo poderia ser outro ou poderia mesmo não existir, e ainda assim a consciência preservaria seu caráter de consciência intencional, de consciência que possui tais e tais características que cabe à fenomenologia investigar. Os fatos do mundo não determinam, tampouco condicionam, os componentes da consciência. Esse experimento imaginário nos mostra que a consciência se direciona ao objeto mesmo que não existisse nenhum objeto, pois esse direcionar-se não é determinado pelo objeto, senão que é uma característica essencial e necessária da própria consciência. É isto o que quer dizer a existência absoluta da consciência: ela existe desse modo e com essas configurações de vivência, quer exista neste mundo, em outro mundo ou mesmo em mundo algum.

A tese da resistência da consciência diante da não existência do mundo pode causar certa estranheza. Mas ela não quer dizer que a consciência poderia efetivamente existir pairando por aí sem um mundo. Antes, diz respeito somente à modalidade de existência da consciência. Assim, se há um mundo, o modo de existência do mundo é contingente; e se há uma consciência, o modo de existência da consciência é necessário. O mundo poderia ter outras configurações, porém a consciência sempre existirá com tais e tais configurações, necessariamente. A tese de que, diante do aniquilamento do mundo, o ser da consciência "permaneceria intocado em sua própria existência" (Husserl, 2006b, p. 115) nada mais quer dizer que uma determinada configuração específica do mundo não afeta a configuração da consciência, ou seja, não afeta sua modalidade de existência. Se o mundo existe assim ou de outro modo – ou mesmo não existe –, a consciência sempre terá tais e tais estruturas. Isso não significa, contudo, que a consciência sempre existiu, senão que, *se* existir, existirá sempre *assim* (De Boer, 1978, p. 351). O mundo natural tem uma existência contingente; a consciência, *se* existe, tem uma essência que não se altera em nenhum mundo possível. Ela sempre será consciência de alguma coisa, sempre direcionada para o transcendente, e sempre com seu fluxo de vivências a ser tematizado e descrito pela fenomenologia. Se Husserl fala da consciência *atual* como existindo necessariamente, é porque toda e qualquer consciência sempre existirá necessariamente e de modo atual. É por isso que Husserl fala da "inseparabilidade de fato e essência" (Husserl, 2006, p. 34): todo fato, inclusive o fato da consciência, possuirá um modo de ser dele inseparável. O fato da consciência é inseparável de seu modo de ser necessário; já o fato do mundo é inseparável de seu modo de ser contingente. Existir necessariamente, insista-se, significa tão somente que a estrutura de vivência da consciência apresenta aspectos invariantes, aspectos esses que cabe à fenomenologia estudar.

Essa consciência pura é denominada por Husserl de "consciência transcendental", querendo isto dizer que ela não é uma consciência empírica. A fenomenologia madura não investiga, portanto, a consciência mundana de nós, seres humanos, mas as estruturas essenciais da consciência, seja humana, seja qualquer outra. A consciência humana, que é contingente, certamente terá as estruturas da consciência transcendental, pois tais estruturas pertencem a toda e qualquer consciência. Husserl chama isso de paralelismo entre consciência psicológica e consciência transcendental (Husserl, 2022, p. 343). Mesmo se a consciência humana tivesse um outro mundo, ainda teria os componentes mínimos da consciência transcendental, apenas que suas vivências seriam outras. Husserl não deixa de ressaltar o papel do corpo nesse movimento da consciência absoluta de assumir o caráter de consciência mundana: "a consciência só se torna consciência humana e animal real pelo referimento empírico ao corpo, e só por intermédio deste ela obtém um lugar no espaço e no tempo da natureza – no tempo medido fisicamente" (Husserl, 2006, p. 125).

Na medida em que seu tema é a consciência pura, e não a consciência mundana psicológica enquanto fato individual, pode a fenomenologia ser caracterizada como idealismo não só no sentido da teoria do conhecimento, como já o era nas *Investigações lógicas*, mas como idealismo transcendental. Em suas palavras, trata-se da "apreensão dos dados fenomenológicos, e, finalmente, até todos aqueles nexos eidéticos que tornam inteligíveis para nós as relações transcendentais *a priori*" (Husserl, 2006, p. 202)[9]. Definitivamente não se trata mais, portanto, de psicologia descritiva, pois o tema da filosofia fenomenológica é a consciência pura que não pressupõe um mundo e que pode ser investigada mesmo que ignoremos totalmente a existência do mundo efetivo.

O método de análise dessa consciência transcendental é a investigação de essência. Para isso, precisamos de uma outra redução, a redução eidética, tema da próxima lição.

---

9. Veremos o significado do termo "*eidos*" e "*eidético*" na lição seguinte.

Sexta lição

Investigação de essências

A fenomenologia pura começa por desatar o compromisso com o ser do mundo. Não lhe interessa a existência ou não dos fatos, e seu campo de estudos não será a consciência *factual*, mas *pura*. Essa consciência apresenta uma estrutura invariante, e sua marca fundamental é a intencionalidade. Conforme diz Husserl, "o problema que abarca a fenomenologia inteira tem como título: intencionalidade" (Husserl, 2006, p. 323). Mas se a intencionalidade é fundamentalmente a noção de que consciência é sempre consciência de alguma coisa, isto é, sua direcionalidade a algo, então a que exatamente se direciona a consciência transcendentalmente purificada? Se suspendemos a validade do ser das coisas, então a que a consciência pura se refere? A resposta é: aos fenômenos. Fenômeno é basicamente algo que aparece à consciência, quer esse algo exista ou não. A fenomenologia será, portanto, uma ciência das aparições, ciência daquilo que aparece à consciência. Seu tema de investigação é aquela correlação necessária entre atos da consciência e fenômenos.

Husserl também caracteriza a redução fenomenológica como a "exclusão de todas as posições *transcendentes*" (Husserl, 2020, p. 5), dada a questionabilidade dessas posições, isto é, seu caráter contingente, de poder ser de outro modo ou mesmo não ser. Os fenômenos estudados pela fenomenologia serão então caracterizados como imanentes. Eis como Husserl compreende a oposição entre imanência e transcendência não como uma oposição daquilo que está por assim dizer dentro da consciência e o que está lá fora, mas entre o absolutamente indubitável da imanência e o que é dubitável, a saber, a transcendência. Husserl dirá que a imanência forma um campo de fenômenos que são dados absolutos, e esses fenômenos são "isso que eu posso usar" (Husserl, 2020, p. 5), enquanto fenomenólogo. Aquilo que aparece pontualmente ao meu campo de aparições é a única coisa da qual não posso duvidar, aquilo que será assim e não de outro modo, pois mesmo que seja uma ilusão – ou não exista –, apareceu, e se apareceu, então posso fazer enunciados sobre isto.

Mas esse fenômeno imanente pontual restringe bastante o alcance da fenomenologia. Seriam os enunciados da ciência fenomenológica restritos àquilo que aparece pontualmente à consciência? Ora, se assim fosse, diz Husserl, o campo da fenomenologia pura seria um eterno rio heraclitiano de fenômenos, fazendo menção ao filósofo pré-socrático Heráclito, cuja ideia central é a de que tudo flui e de que não podemos fazer enunciados fixos sobre nada, já que tudo está em constante mudança. Nesse rio heraclitiano de fenômenos, os enunciados da fenomenologia se reduziriam a coisas do tipo: "isto aqui!" (Husserl, 2020, p. 47), pois isso é a única coisa indubitável que posso afirmar acerca dessa aparição pontual que ora se apresenta à minha consciência. Lembremo-nos que a fenomenologia pretende ser uma ciência *a priori*, isto é, não empírica, e seus enunciados não podem ser contingentes, mas necessários. Se a única coisa que tenho é um fenômeno pontual que pode ser ilusório ou mesmo não ser, então a única coisa necessária e universal que posso dele afirmar é que ele está aí presente para mim nesse instante.

Como sair dessa prisão na imanência das vivências singulares de fenômenos pontuais? A "palavra salvadora" (Husserl, 2020, p. 8) da fenomenologia será: abstração ideadora. É ela que nos liberta dos enunciados singulares e nos leva a enunciados universais. Com ela, a fenomenologia não se reduzirá a falar sobre o *isto aí* singular da aparição, mas poderá falar de "universais, espécies, essências inteligíveis" (Husserl,

2020, p. 8). Em suma, poderá falar de ideias. A abstração ideadora nos permite a visão de essências, e com ela compreendemos que não apenas os fenômenos pontuais singulares são dados de modo absolutamente necessário, mas também suas essências. Husserl, ademais, refere-se à essência pelo termo grego *eidos*, de onde surgirá a redução eidética, que nada mais é do que o método que nos leva da visão do singular para a visão da essência. Assim, os enunciados da fenomenologia pura compreenderão "*enunciados de essência*, quer dizer, [...] enunciados de estado de coisas genéricas" (Husserl, 2020, p. 8).

Todavia, como exatamente posso elaborar um enunciado de essência com base numa aparição singular? Vejamos num exemplo. Quando uma casa aparece à minha percepção visual, vejo que se trata de um objeto colorido. Ao descrever essa aparição, noto que o conteúdo cromático não pode aparecer sem uma extensão, e posso então desenvolver o seguinte enunciado: toda cor tem uma extensão. Ora, esse enunciado não é válido apenas para essa aparição pontual da casa, mas é válido para todo e qualquer objeto extenso que apareça no meu campo perceptivo. Faço, portanto, um enunciado universal sobre coisas em geral, e não apenas sobre essa casa particular. Contudo, como sei que esse enunciado é válido não somente para essa aparição de uma coisa, e sim para toda e qualquer aparição de coisas? Husserl dirá: pelo exercício da "variação arbitrária na fantasia" (Husserl, 2014b, p. 14). Posso tentar imaginar quaisquer cores em quaisquer situações, e não conseguirei imaginá-la sem uma extensão. Isso tem uma aplicação bastante vasta: se imagino um ato de percepção, verei que toda e qualquer percepção me apresenta um objeto sempre em perspectiva, e não em sua totalidade. Assim, tenho a essência da percepção: a aparição de coisas sempre em perspectivas. A mesma coisa se aplica a um juízo: todo juízo pressupõe um ato de representação, ou seja, para afirmar ou negar algo de algo, preciso antes representá-lo – de onde vem a essência do juízo. Por isso Husserl poderá dizer que toda essência e enunciados de essência são "inseparáveis das doações universais singulares" (Husserl, 2020, p. 8). Veja o exemplo da matemática, conforme sugere o fenomenólogo:

> o matemático não trata de espaços, de corpos, de superfícies etc., efetivos, como os da efetividade natural fática, mas sim de espaços, corpos, superfícies representáveis em geral e, com isso, pensáveis de modo concordante, "*idealiter* possíveis" (Husserl, 2014b, p. 14).

Ao calcular a soma dos ângulos internos de um triângulo, um matemático pode muito bem desenhar um triângulo qualquer numa lousa. Isso não significa, porém, que essas propriedades se referirão àquele triângulo desenhado, mas a todo e qualquer triângulo em geral.

A fenomenologia é, portanto, "análise da essência e investigação da essência dentro da consideração puramente intuitiva" (Husserl, 2020, p. 51). A essência não é uma criação do entendimento, mas é vista, intuída. Com a visão de essências, temos objetalidades universais, e não apenas singulares. E Husserl dirá que "aqui o discurso do *a priori* tem seu lugar legítimo" (Husserl, 2020, p. 51). Portanto, o campo da imanência se amplia. Lembremo-nos que a imanência foi concebida como aquele campo de conhecimentos indubitáveis, diferentemente da transcendência, que sempre nos dá conhecimentos questionáveis, visto que a transcendência é contingente, que pode ser de outro modo ou mesmo não ser. Anteriormente, a imanência se reduzia à aparição pontual singular, da qual não era possível duvidar. Agora, vemos que essa aparição singular traz consigo sua essência, a qual podemos extrair pelo ato de abstração ideadora, que é um ato intuitivo. Assim, a imanência passa a abrigar também universalidades e objetos ideais: também o objeto ideal, portanto, cuja existência foi legitimada já nas *Investigações lógicas*, poderá ser dito imanente. Com isso, fica justificado seu pertencimento ao campo de estudos da fenomenologia. Afinal, fenomenologia é o estudo daquilo que aparece à consciência transcendental de forma absoluta e necessária, e pela abstração ideadora os objetos ideais aparecem à consciência precisamente nessa forma.

Insistamos no caráter intuitivo da fenomenologia. Os fenômenos devem ser dados, e jamais construídos especulativamente pela consciência. Esse apelo à doação pode ser visto já no princípio de todos os princípios da fenomenologia:

> Toda intuição doadora originária é uma fonte de legitimação do conhecimento, tudo que nos é oferecido originariamente na "intuição" (por assim dizer, em sua efetividade de carne e osso) deve ser simplesmente tomado tal como ele se dá, mas também apenas nos limites dentro dos quais ele se dá (Husserl, 2014b, p. 69).

Quer esse princípio dizer que a fenomenologia não pode ser matematizada. É certo que ela partilha com a matemática o caráter *a priori* de suas investigações, mas o seu proceder é *descritivo* e *intuitivo*, e não *dedutivo* (Husserl, 2020, p. 58). A apreensão do sentido da essência material "cor", por exemplo, não se dá por meio de inferências lógicas. Antes, preciso ver uma cor singular para entender o que é uma cor, para que eu possa fazer a abstração ideadora e capturar sua essência. Posso explicar conceitualmente tudo o que faz de uma cor ser uma cor e expor discursivamente todas as especificidades desse matiz específico de vermelho: mas jamais a apreenderei se não a vir. Como diz Husserl:

> o cego que quer se tornar alguém que vê não o consegue através de demonstrações científicas; teorias físicas e psicológicas das cores não fornecem qualquer clareza intuitiva do sentido da cor, como tem aquele que a vê (Husserl, 2020, p. 6).

Essa passagem é categórica no que diz respeito ao intento da fenomenologia diante das demais ciências: a fenomenologia não substitui as explicações científicas, mas confere-lhes clareza intuitiva, que elas próprias são incapazes de fornecer.

Delimita-se, finalmente, o campo de estudos da fenomenologia: a correlação *a priori* entre consciência e objeto. Porém não dessa consciência singular e desse objeto singular, e sim da consciência transcendentalmente purificada e do objeto fenomenalizado. O que nos leva sistemática e metodologicamente a esse campo de estudos é o conjunto de reduções:

(1) a redução fenomenológica, que primeiramente desata o compromisso com o ser das coisas;

(2) a redução transcendental, que nos leva à consciência transcendental;

(3) e a redução eidética, que nos leva do singular à essência.

É esta última que permitirá a tematização da consciência transcendental em registro eidético, isto é, em sua essência. Por mais que possam ser distintas quanto ao seu teor específico, Husserl frequentemente apresenta as reduções de modo entrelaçados, falando, por exemplo, de "redução transcendental-fenomenológica" (Husserl, 2022, p. 340) e de sua inseparabilidade da redução eidética. São essas reduções que nos abrem, enfim, o vasto campo da consciência transcendental e seus fenômenos, e que também nos livra da "especulação sem fundamento" (Husserl, 2022, p. 345), uma vez que o modo de acesso a ele é intuitivo.

Partimos daquilo que aparece pontualmente à consciência que suspende a crença na existência das coisas e alcançamos o campo da consciência transcendental e seus fenômenos puros. Com isso, libertamo-nos do restrito campo de enunciados singulares e legitimamos enunciados universais e necessários sobre a estrutura invariante das coisas, conforme essas coisas são fenomenalizadas. Se "o destino da filosofia científica sempre dependeu e ainda depende de sua fundamentação enquanto filosofia transcendental legítima" (Husserl, 2022, p. 330), então o conjunto de reduções que nos leva ao campo dos fenômenos transcendentalmente purificados pode finalmente nos mostrar que essa filosofia rigorosa só é possível como fenomenologia pura.

Lembremo-nos que a redução fenomenológica – ou o conjunto de reduções – exige que adotemos uma atitude específica que suspende a chamada atitude natural. Por isso, pode Husserl definir a fenomenologia do seguinte modo:

> Fenomenologia: isso designa uma ciência, uma conexão de disciplinas científicas; mas a fenomenologia designa, igualmente e acima de tudo, um método e uma atitude do pensar: a *atitude do pensar* especificamente *filosófica*, o método especificamente *filosófico* (Husserl, 2020, p. 23).

Eis como o fenomenólogo definirá, em uma das suas últimas obras, *Meditações cartesianas*, de 1931, essa atitude especificamente filosófica – agora explicitamente denominada atitude fenomenológica – por oposição à atitude natural:

> se chamarmos ao eu que naturalmente se entrega à experiência do mundo, ou que de outro modo se abandona à vida nele, um eu *interessado no mundo*, então a atitude fenomenológica alterada, que se deve constantemente assim manter, consiste em que na realização de uma *cisão do eu*, na qual, por sobre

> o eu ingenuamente interessado, se estabelece o eu fenomenológico enquanto *espectador desinteressado* (Husserl, 2013, p. 73).

O filósofo é aquele que vive segundo o imperativo da reflexão radical. Isto não significa que se deva abandonar o ser do mundo, mas que esse deve ser investigado em sua essência. Conforme Husserl, na passagem seguinte ao trecho citado anteriormente:

> assim se tornam acessíveis à descrição todos os acontecimentos da vida voltada para o mundo, com todas as suas posições de ser, simples e fundadas, e os modos de ser que lhe são correlativos – como o de ser na certeza, o ser possível, provável e, para lá disso, o ser belo ou bom, o ser útil etc. (Husserl, 2013, p. 73).

É somente pela suspensão inicial do compromisso com o ser das coisas que será possível avaliá-lo criticamente, e isso segundo os critérios de avaliá-lo sob a ótica de enunciados de essência, ou seja, universais e necessários. Só assim a filosofia poderá ser uma crítica da razão, ou seja:

> crítica absoluta e universal que, pelo seu lado, deve criar primeiro para si própria um *universo de absoluta ausência de preconceitos*, por meio da abs-

> tenção de todas e quaisquer tomadas de posição que nos deem de antemão um qualquer ser (Husserl, 2013, p. 74).

O que permite à fenomenologia uma investigação sem preconceitos é sua restrição ao campo das aparições e suas essências, e a não assunção prévia de coisas existentes no mundo.

Ressalta-se, por fim, que não se trata, com a investigação de essências, de ignorar o mundo. As essências não existem como que pairando num ar metafísico sem lastro na intuitividade, conforme reforça Husserl em *Lógica formal e transcendental*, ao falar da "prioridade de ser das objetalidades reais sobre as ideais" (Husserl, 1974, p. 177). Essa tese subverte, de certo modo, a leitura padrão da doutrina platônica das ideias. Não é que o singular participa das ideias, tal qual na doutrina platônica, senão que as ideias exigem o singular para que possam participar da realidade (Husserl, 1974, p. 163). Como diz Husserl, "a realidade tem prioridade de ser sobre qualquer tipo de irrealidade, na medida em que todas as irrealidades estão essencialmente retrorreferidas à efetividade real ou possível" (Husserl, 1974, p. 177).

Em suma, o ideal, ou a essência, depende do real para efetivamente existir, isto é, para participar dessa nossa realidade temporal.

Sétima lição

Temporalidade

Terminamos a lição anterior falando de realidade temporal. Com efeito, já nas *Investigações lógicas*, dizia Husserl que "como nota caracterizadora da realidade basta-nos a temporalidade" (Husserl, 2012b, p. 129). Isto quer dizer que o ser real, aquele que nos é dado na sensibilidade, é o ser temporal, diferentemente do ser ideal, que é irreal e intemporal. Mas a tematização da temporalidade é um capítulo à parte nas investigações fenomenológicas, e de fato um dos capítulos mais difíceis. Husserl se refere à afirmação de Santo Agostinho a esse respeito: "O que é o tempo, então? Se ninguém me perguntar, eu sei; mas, se eu quiser explicar a alguém que me pergunte, não sei" (Husserl, 1994, p. 4). No livro de *Ideias I*, ao introduzir a fenomenologia pura, Husserl afirma que "por sorte, nas nossas análises preparatórias podemos deixar fora de jogo os enigmas da consciência do tempo" (Husserl, 2006, p. 185).

As reflexões sobre a consciência fenomenológica do tempo são apresentadas pela primeira vez em preleções na Universidade de Gotinga, em 1905. Essas preleções são editadas e publicadas primeiramente em 1928, em um texto organizado por Edith Stein, e futuramente na edição da Husserliana, organizado por Rudolf Boehm. A fidelidade da edição do texto com relação às preleções originais sobre a consciência do tempo é uma questão para os comentadores da obra de Husserl, a qual não abordaremos aqui (Husserl, 1994)[10]. Antes, nos ateremos às ideias centrais das investigações husserlianas quanto à consciência do tempo.

Devemos primeiramente diferenciar o tempo fenomenológico do tempo cósmico. Husserl também qualifica o tempo fenomenológico de *imanente* e o tempo cósmico de *objetivo*. O tempo cósmico é o tempo das coisas no mundo, aquele que pode ser medido pelo relógio. É o tempo *cronometrado*, isto é, passível de metrificação. Esse tempo não interessa à fenomenologia, já que essa exige um descompromisso com os fatos do mundo. O que interessa à fenomenologia é, antes, o "*tempo imanente* do

---

10. Cf. o prefácio da tradução portuguesa para um resumo da história da composição dessa obra.

curso da consciência" (Husserl, 1994, p. 5). Assim como não posso duvidar da existência das vivências, não posso duvidar que elas tenham uma *duração*. Se tenho uma vivência de uma melodia, por exemplo, posso afirmar que ela apresenta uma sucessão, e "acerca disto temos uma evidência que faz aparecer qualquer dúvida ou negação como destituídas de sentido" (Husserl, 1994, p. 5). Posso até duvidar da existência objetiva da melodia, posso cogitar que se trata de uma ilusão; mas que essa vivência de melodia, mesmo que ilusória, seja uma vivência de algo que conta com uma sucessão, disso já não posso duvidar. É o estudo dessa sucessão temporal que caberá à fenomenologia, e não o estudo de um suposto tempo objetivo de uma melodia no mundo.

Agora sabemos, portanto, que todas as vivências estudadas pela fenomenologia têm como marca característica não só a intencionalidade, mas também a *temporalidade*. Toda vivência se refere a algo e tem uma duração. Essa duração apresenta uma estrutura. Husserl dirá que todo *agora* atual, ou tudo aquilo que aparece à consciência primeiramente como um *ponto-agora*, traz consigo um "halo temporal" (Husserl, 1994, p. 36). Quando ouço uma melodia, por exemplo, não tenho a consciência de um som pontual. Se assim fosse, a melodia seria uma produção da consciência que de algum modo unificaria esses sons pontuais e construiria uma sequência melódica como que ponto a ponto. Em vez disso, a consciência do tempo nos mostra que "à apreensão do agora que aparece, do som 'como que' agora ouvido, solda-se a memória primária do som como que ouvido mesmo agora e a expectativa (protensão) do que está para vir" (Husserl, 1994, p. 35). Esse é o halo temporal da consciência do tempo: tudo que aparece à consciência surge como um agora que tem necessariamente um passado e que aponta para um futuro. A vivência de alguma coisa aparece, portanto, como impressão originária (que é esse ponto-agora que acaba de surgir no meu campo de aparição), sua retenção (que é seu passado) e sua protensão (seu futuro). No caso de uma melodia, aquele momento que dela escuto não é apenas aquele momento: ele é acompanhado da retenção do momento passado e da expectativa de sua continuidade. Ao ouvir uma melodia, sempre antecipo sua continuidade, "sei" como será sua sequência – ainda que isso possa ser frustrado. Só assim faz sentido falar da consciência de uma melodia: cada "agora" singular que escuto não se esgota nele mesmo, mas traz consigo o horizonte de sua totalidade.

Husserl se refere a essa estrutura da consciência do tempo como o "triplo horizonte da vivência": o agora originário, a retenção e a protensão. Assim, "toda vivência recém-iniciada é necessariamente antecedida no tempo por vivências [...]. Todo agora de vivência tem, no entanto, também seu necessário *horizonte do depois*" (Husserl, 2006, p. 187). Perceba o uso do termo "necessário". Não há vivência senão como vivência temporal. Toda vivência é uma vivência que apresenta um passado e se estende no futuro. Veja como o campo das doações imanentes absolutas se amplia: a aparição não traz consigo somente suas essências, mas também sua temporalidade. O tempo pode ser então fenomenalizado e inserido no campo de investigações da fenomenologia, já que são dados absolutos.

Eis que se pode dizer que, quando percebo um objeto, percebo não só seu *presente*, como seu *passado*, pois ambos estão intrinsecamente vinculados. Diz-nos Husserl: "O seu 'mesmo-agora-passado' não é uma simples opinião, mas sim um fato dado, dado por si próprio, por conseguinte, 'percebido'" (Husserl, 1994, p. 68). Logo, eu *percebo* o passado, ele é *intuído*. Essa intuição é denominada, por Husserl, de "recordação primária". É na recordação primária que "vemos o que é passado"; sua essência é trazê-lo à "intuição direta, primária, exatamente como é a essência da percepção do agora trazer diretamente o agora à percepção" (Husserl, 1994, p. 41). Husserl (1994, p. 29) ilustra a percepção do tempo com o famoso diagrama:

Figura 1 – Diagrama do tempo

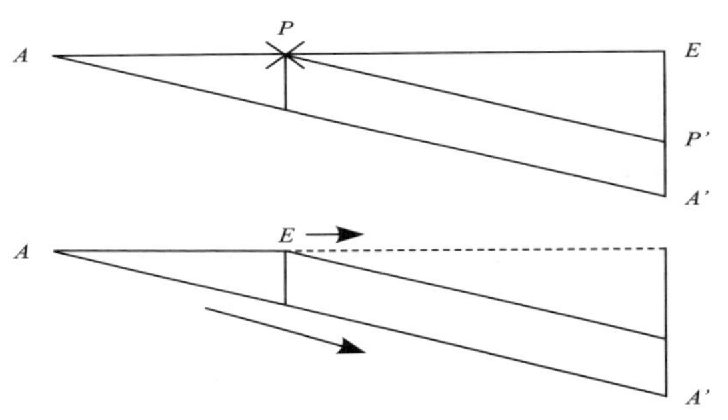

Legenda: AE – Linha dos pontos-agora. AA' – Afundamento. EA' – Contínuo de fases (ponto-agora com horizonte de passado). E → – Linha dos agoras eventualmente preenchidos com outros objetos. Fonte: imagem extraída da obra de Husserl (1994).

Esse diagrama nos mostra que o tempo é estruturado: a vivência avança horizontalmente, afunda no passado e se projeta no futuro. A linha horizontal mostra a duração da vivência, que sempre avança no futuro e traz consigo a expectativa de sua continuidade, que pode ou não ocorrer; a linha vertical mostra o passado que acompanha o agora-pontual que transcorre. O ponto-agora apresenta um horizonte, um "halo", e carrega necessariamente consigo sua história precedente e seu futuro possível. Assim, o tempo não é fragmentado, não é como uma conjunção de "agoras" estáticos: antes, cada agora já carrega a própria duração, e já carrega seus momentos de antes e depois.

Podemos compreender, enfim, um dos conceitos capitais da fenomenologia husserliana, já empregado desde as *Investigações lógicas*: o de constituição. Husserl se refere às aparições da consciência como fenômenos constituídos, querendo com isso dizer não que elas sejam construídas, como se a consciência criasse aquilo que cai no campo de aparições. Antes, constituição é o termo que captura tudo isso que se refere à estrutura das aparições, a saber: que nada aparece para mim como uma individualidade pontual, mas sim como algo que tem uma estruturação. Na percepção sensível, por exemplo, sempre que vejo algo, vejo apenas um de seus lados e preciso de um ato de fusão dos demais lados para ter esse algo em sua totalidade; na visão de essências, preciso de um ato de abstração ideadora para extrair a essência do dado individual; na consciência da temporalidade, preciso apreender o horizonte temporal para ter ciência da duração intrínseca à aparição, e assim por diante. Husserl se referirá a atos desse tipo como atos de constituição da consciência. A consciência constitui, por meio de seus atos, a doação da coisa. Em 1903, em uma carta a Hocking, Husserl alertava para o sentido técnico do termo constituir: "a propriedade do ato de *tornar o objeto presente*: não de o 'constituir' em sentido próprio!" (Biemel, 1959, p. 200). É Walter Biemel, editor de vários volumes da coleção Husserliana, quem melhor explica o significado desse conceito:

> Na linguagem comum, constituição é equiparada à criação arbitrária, identificada com a produção, mas constituição em sentido rigoroso é muito mais uma restituição do que uma constituição, na medida em que o sujeito restitui o que já está lá, mas isso exige a realização de certas atividades (1959, p. 200).

Dito isso, Husserl poderá dizer que tudo que aparece à consciência é por ela constituído, inclusive sua temporalidade. Devemos, então, distinguir os níveis de constituição. Quando lido com a percepção de um objeto espacial, por exemplo, estou no nível das "multiplicidades de aparições constituintes" (Husserl, 1994, p. 73): os múltiplos aspectos do objeto que se fusionam para que o objeto se doe à consciência. Mas quando lido com a consciência do tempo, tenho o nível do "fluxo absoluto da consciência constituinte do tempo" (Husserl, 1994, p. 73). Esse fluxo de vivências é aquilo que abrange cada uma das vivências. Se tenho a vivência de uma melodia que transcorre no tempo, essa vivência não está aí isolada, mas pertence a um fluxo de vivências, fluxo que é "*uma unidade* e rigorosamente fechado em si" (Husserl, 2006, p. 187). O fluxo forma "*um único* eu puro" (Husserl, 2006, p. 187). Cada vivência tem, portanto, um substrato: ela é sempre vivência de um eu puro, que nada mais é do que um fluxo de vivências.

O corolário da investigação das vivências temporais e do fluxo de vivências é o seguinte: "toda vivência individual, por exemplo, uma vivência de alegria, pode tanto ter um começo como um fim e, assim, pode encerrar sua duração. O fluxo de vivências, no entanto, não pode começar nem findar" (Husserl, 2006, p. 183). Ou seja, uma vivência tem começo e fim, ela *flui*. Mas o fluxo de vivências ao qual essa vivência pertence, o *eu puro* que é seu suporte, *não flui*. Por isso pode Husserl dizer do eu puro que ele é uma "unidade infinita" (Husserl, 2006, p. 187). Esse eu puro como fluxo temporal de vivências é o absoluto último da fenomenologia. É ele o polo constituinte originário. Para constituir o *tempo*, esse polo absoluto deve ser *intemporal*. O eu absoluto, que é a origem da temporalidade, é, ele próprio, intemporal.

Esse eu absoluto, como dissemos, é um eu *puro*, e deve, portanto, ser contrastado ao eu *empírico*, que é suprimido pela redução fenomenológica. Pela redução, posso excluir de circuito tudo que se refere ao eu empírico, ao eu humano com sua constituição psicofísica peculiar e seus modos de atuar no mundo. Mas "nenhuma exclusão de circuito pode [...] eliminar o 'puro' sujeito do ato" (Husserl, 2006, p. 183). O eu puro é o que compreende todo "estar direcionado para", "estar ocupado com", "posicionar-se em relação a", "experimentar", "sofrer de" e coisas semelhantes, que são necessariamente raios "a partir do eu" ou "em direção ao eu" (Husserl, 2006, p. 183). Ou seja, todo eu é um eu que sente, que deseja, que experimenta, que sofre – e a isso "a redução não pode causar dano algum" (Husserl, 2006, p. 183).

Oitava lição

Crise das ciências

O período que vai da Primeira Guerra Mundial até a ascensão de Hitler ao poder dá ensejo às investigações de Husserl sobre a crise espiritual da humanidade. Essa crise está intimamente vinculada, segundo o fenomenólogo, à crise das ciências. Afinal, trata-se de uma crise da racionalidade, e essa é a marca maior da filosofia e da ciência: "a filosofia, a ciência, seria, então, *o movimento histórico da revelação da razão universal, 'inata' como tal à humanidade*" (Husserl, 2012a, p. 13-14). A ideia de uma racionalidade universal tem, no entanto, uma origem historicamente situada, que Husserl assinala ser a filosofia grega. Justifica-se com isso que é com a filosofia grega que se dá esse movimento de desdobramento da ideia de razão, e não que o modo de pensar grego deva ser fixo, imutável e imposto diante de outros modos de pensamento. Certamente que Husserl defende uma soberania do modo de vida racional, mas a razão é compreendida aqui não como prerrogativa de um povo e uma cultura específica, e sim como patrimônio da humanidade como tal.

Ademais, como suas reflexões são sobre a crise da Europa no advento das duas grandes guerras e dos regimes totalitários, Husserl se referirá frequentemente à crise da humanidade europeia, o que não quer dizer, novamente, que a humanidade seja prerrogativa da Europa. Não existiria algo como uma filosofia europeia; antes, a Europa herdou o modo filosófico de viver dos gregos, que está disponível para qualquer um. Com efeito, a questão que move as reflexões de Husserl é precisamente a de saber "se a humanidade europeia transporta em si uma ideia absoluta, não sendo um tipo antropológico meramente empírico" (Husserl, 2012a, p. 14). Se a crise que afeta a Europa é uma crise da razão, significa, portanto, que a Europa está se afastando do ideal de vida racional, que é a meta da filosofia e da ciência. Ora, se essa ideia de razão for um fato meramente empírico, então não há muito o que se fazer: trata-se de um evento histórico como outro qualquer, e temos apenas que testemunhá-lo como mais um dos modos de vida da humanidade que ora entram em cena.

Mas se a razão é uma ideia universal a ser perseguida, então os filósofos, como "funcionários da humanidade" (Husserl, 2012a, p. 15), não poderão ignorar esses eventos e deverão combatê-los, munidos da sua capacidade reflexiva e racional. Trata-se, em suma, de saber se o "querer ser uma humanidade a partir de uma razão filosófica, e de só poder ser como tal, é um mero delírio histórico-fático, uma aquisição acidental de uma humanidade acidental" (Husserl, 2012a, p. 13), ou se essa razão filosófica é um dado absoluto e, como tal, pode ser novamente alcançada pela então desarrazoada humanidade europeia.

A reflexão sobre a crise da humanidade não é um estudo acadêmico, mas resultado de uma "crise existencial" (Husserl, 2012a, p. 15) do filósofo. Diz-nos Husserl que "a responsabilidade inteiramente pessoal pelo nosso verdadeiro ser próprio, enquanto filósofos na nossa íntima vocação pessoal, traz em si, ao mesmo tempo, a responsabilidade pelo verdadeiro ser da humanidade" (Husserl, 2012a, p. 15). Não se trata, com efeito, da antiga ideia do rei filósofo, que imperaria diante da humanidade e lhe ditaria suas normas. Antes, como já dito, o filósofo é um funcionário da humanidade, e dada sua vocação íntima de uma vida voltada para a razão, é seu dever não fazer da filosofia um "mero fim cultural privado" (Husserl, 2012a, p. 15), como seria se ela se reduzisse à atividade acadêmica. Sobretudo em tempos de crise, há que se direcionar as reflexões filosóficas para um fim eminentemente prático: "com a nova tarefa e o seu solo apodítico universal, demonstra-se a possibilidade prática de uma nova filosofia: por meio da ação" (Husserl, 2012a, p. 16-17). Note-se: a filosofia prática parte do solo apodítico universal. Ou seja, trata-se de reivindicar o caráter universal da razão e apresentar a teleologia oculta que encontramos quando "perfuramos a crosta dos 'fatos históricos'" (Husserl, 2012a, p. 16).

O trabalho filosófico, portanto, será aquele de demonstrar que a razão transcende os fatos históricos e uma dada sociedade, ou seja, que ela não é relativa, sobretudo a um momento histórico particular. Se a humanidade europeia está em crise, é porque ela se afastou desse ideal racional universal, e o trabalho filosófico que ora se impõe é o de primeiramente demonstrar a validade dessa razão universal e então lutar pela sua reinserção na vida prática – não, obviamente, por meio da imposição, mas da reflexão partilhada e comunicada.

A partir disso, as reflexões husserlianas seguem um caminho já conhecido: mostrar que o *telos* racional imanente à humanidade é assumido e levado a termo pela fenomenologia transcendental. Afinal, a fenomenologia provou-se ciência rigorosa, ciência de dados absolutos últimos, e, com isso, demonstrou a validade de uma racionalidade universal que não depende de fatos empíricos. É assim que Husserl vincula sua reflexão sobre a crise da humanidade com uma introdução à sua própria fenomenologia, na medida em que esta última realizaria o ideal da razão imanente à humanidade. Podemos dizer, dessa forma, que se a humanidade se quer filosófica, ela se quer fenomenológica, já que essa é a filosofia em sua forma rigorosa e universal. Como vimos, a fenomenologia não é uma doutrina, um conjunto de ensinamentos definitivos a serem transmitidos, mas uma atitude a ser adotada livremente por aqueles que queiram assumir uma vida racional. E é a adoção dessa vida racional, segundo Husserl, que poderia combater a crise espiritual da humanidade. Sugere-se à humanidade, portanto, uma mudança de atitude, no caso aquela mesma adotada pelo fenomenólogo.

Essa convocação a uma vida racional não é gratuita ou trivial. Não se trata somente de uma ocasião para que Husserl apresente sua fenomenologia ao público. Antes, ela é fruto de um diagnóstico, já apresentado na introdução da obra *Lógica formal e transcendental*, de que paira na Europa uma "perda da crença na capacidade científica de fornecer inteligibilidade aos eventos mundanos e fomentar modos de ação racionalmente fundados" (Sacrini, 2018, p. 285).

Com efeito, em uma conferência de 1934 intitulada "A tarefa atual da filosofia", Husserl ressalta que desde o século XIX "a crença dinâmica na filosofia e na ciência [...] vacila" (Husserl, 1989, p. 208). A origem da crise atual da humanidade, isto é, a origem de seu desvio do ideal da razão, deu-se, segundo o diagnóstico de Husserl, a partir da sua adoção da perspectiva naturalista e do objetivismo inerente a esta última. Mais precisamente, é a interpretação naturalista e objetivista da subjetividade, do eu, segundo os moldes da ciência experimental que têm como fundamento a matematização da natureza, que subjaz à crise da humanidade.

Esse naturalismo e objetivismo contam com uma origem mais distante: a modernidade. É certamente louvável os feitos da modernidade para a filosofia. A matematização da natureza operada por Galileu é a responsável pela descoberta de um *a priori* infinito (Husserl, 2012a, p. 18-19). Com a matematização da natureza, temos pela primeira vez acesso a um

> *mundo* infinito, aqui um *mundo de idealidades*, um mundo tal cujos objetos não são acessíveis ao nosso conhecimento como que por acaso, de modo isolado e incompleto, mas que um método racional, sistematicamente unificado alcança (Husserl, 2012a, p. 19).

Ou seja, a matematização nos livra da limitação aos fatos singulares e nos conduz à "idealização do mundo dos corpos" (Husserl, 2012a, p. 30). Essa idealização nos permite estudar o mundo com exatidão, e não apenas em seu incessante e caótico devir. Ao mostrar que a natureza tem um fundamento matemático, mostra-se que ela é passível de um estudo racional, sistemático, apodítico e universal. Os corpos não meramente reagem uns aos outros de modo arbitrário, mas seguem a lei da causalidade. A natureza se torna regulada, mensurável e, numa palavra, inteligível. O mundo factual não é um mundo caótico, e sim um mundo que pode ser compreendido, explicado e controlado. Contudo isso só é possível na medida em que deixamos de observá-lo como mundo meramente factual e passamos a observá-lo como ideia. Ora, essa observação do mundo natural como ideia só é possível pela sua formalização decorrente de sua matematização. O mundo natural enquanto ideia é um mundo racional.

Essa inteligibilidade racional do mundo fático da natureza começa a declinar a partir da tecnicização. Quando encaramos a formalização como meras fórmulas simbólicas, temos um primeiro nível do "esvaziamento de sentido" (Husserl, 2012a, p. 45-46) do mundo. Husserl busca, já desde a *Filosofia da aritmética*, recuperar esse sentido por meio do recuo do simbólico ao intuitivo. A consequência funesta da matematização da natureza é, portanto, a inversão que ela opera: em vez do mundo concreto, é o mundo matematizado que se torna o verdadeiro mundo. O mundo formalizado, que era apenas o meio para o estudo exato do mundo concreto, é tomado como real, objetivo. Ora, o mundo concreto sempre foi o mundo real e efetivo: sua formalização era apenas o meio para investigá-lo de modo universal. Em suma, o problema surge quando se toma "pelo verdadeiro ser aquilo que é método" (Husserl, 2012a, p. 52). Ao considerar essa formalização não apenas um meio, mas um fim, temos que o mundo simbólico-formal, que é destituído de sentido, impera sobre a realidade concreta, que é o que confere sentido ao simbólico via intuição. É essa objetivação do mundo matemático-formal a principal responsável pela crise das ciências: trata-se de considerar o simbólico como *objetivo* e o mundo concreto como *subjetivo*, como mera aparição relativa ao sujeito que o experiencia. O objetivo teria mais realidade uma vez que pode ser medido de modo neutro; o subjetivo pertence a cada indivíduo, portanto deve ser ignorado.

Ora, mas a fenomenologia transcendental é justamente a ciência das aparições. Por isso, é ela que deve confrontar o objetivismo. A ideia de que o mundo matematizado é o verdadeiro, ao passo que o mundo das aparições é o falso, é o que deve ser combatido. Para isso, precisamos nos mover do objetivismo para o subjetivismo transcendental. Esse movimento pretende combater a ideia da "naturalização do psíquico" (Husserl, 2012a, p. 64), isto é, sua mundanização e psicologização, como se o psíquico fosse mera parte da natureza, sendo esta a única passível de ser estudada no registro científico-objetivo.

Essa guinada do objetivismo para o subjetivismo transcendental se dá basicamente conforme a seguinte ideia: o objetivismo é a ênfase excessiva na formalização da natureza até o ponto de tomar essa formalização como verdadeira realidade, e não apenas como método de acesso a essa realidade. Com isso, ocorre uma desvalorização da experiência subjetiva, na medida em que o subjetivo é impassível de matematização, portanto de objetivação. O corolário do objetivismo é que "os fenômenos estão somente nos sujeitos; e estão neles tão só como consequências causais dos processos que ocorrem na verdadeira natureza, processos que, por sua vez, só existem em propriedades matemáticas" (Husserl, 2012a, p. 54). A experiência subjetiva do mundo concreto é completamente desvalorizada diante da experiência objetiva desse mundo formalizado. Ora, mas essa redução da subjetividade a uma esfera inferior de ser é uma redução operada pela própria subjetividade. É a subjetividade que realiza a formalização da natureza e a toma como verdadeiro ser. Logo, o objetivismo pressupõe uma subjetividade operante, e certamente não essa subjetividade mundana e factual, que é parte da natureza e é constituída, mas uma subjetividade constituinte absoluta e universal. Essa subjetividade escapa às ciências modernas. Com efeito, o objetivismo impede a tematização dessa subjetividade, só conseguindo tematizar a subjetividade psicológico-natural.

Segundo Husserl, é David Hume o primeiro filósofo a vislumbrar o caráter transcendental da subjetividade. Apenas vislumbrar, porém. Hume permanece preso à subjetividade psicológica. No entanto, ao mostrar que a lei da causalidade que supostamente governaria a exatidão da interação entre os corpos é uma associação psíquica, Hume revela "o que nas ciências tinha passado total e inteiramente despercebido – que a vida da consciência é vida produtora, correta ou incorretamente produtora de sentido de ser" (Husserl, 2012a, p. 92). Essa descoberta é o que possibilitará a renovação espiritual da humanidade, que então deixará de se alienar no objetivismo destituído de sentido e se voltará para a subjetividade transcendental constituidora de sentido. Isso só é possível com uma

> filosofia do mais fundo e universal autoentendimento do ego filosofante como depositário da razão absoluta que vem a si mesma, do ego filosofante como implicando o seu ser para si mesmo apodítico os seus cossujeitos e todos os cofilósofos possíveis (Husserl, 2012a, p. 275).

Essa filosofia é, conforme dito, levada a termo pela fenomenologia transcendental, pois é somente com ela que ocorre o seguinte:

> A descoberta do modo de ser necessariamente concreto da subjetividade absoluta (a subjetividade em sentido transcendental último) numa vida transcendental de permanente "constituição do mundo" e, assim, correlativamente, a nova descoberta do "mundo que é", cujo sentido de ser transcendentalmente constituído confere um novo sentido àquilo que nos estágios anteriores se chamava mundo, verdade do mundo e conhecimento do mundo; e que precisamente aí confere um novo sentido também à existência humana (Husserl, 2012a, p. 275).

O destino da humanidade é dependente da correta compreensão do eu como subjetividade transcendental, uma vez que é somente dela que se pode despontar uma vida plenamente racional e eticamente responsável, que será o tema da próxima lição.

Nona lição

Ética

"Renovação do ser humano, do ser humano singular e de uma humanidade comunalizada – eis o tema supremo de toda a Ética" (Husserl, 2014b, p. 20). A vida ética, diz-nos Husserl, é uma vida renovada: "segundo a sua essência, uma vida que está conscientemente sob a ideia de renovação, uma vida voluntariamente guiada e enformada por esta ideia" (Husserl, 2014b, p. 20). A ideia de renovação que delimita o campo temático da ética captura aquele mesmo movimento que também é exigido pela crise das ciências: trata-se do retorno à racionalidade intrínseca à humanidade. Renovação é, portanto, a constante restauração – ou reatualização – da ideia da razão. A vida ética é aquela que está sempre se orientando deliberadamente pela ideia da razão. Deliberadamente, já que se trata de um ato de liberdade: viver sob o imperativo da racionalidade é viver livremente. Segundo Husserl, pode o indivíduo muito bem optar por abandonar-se aos seus impulsos, às tendências e aos afetos, mas isso seria uma opção não livre (Husserl, 2014b, p. 24). Razão e liberdade são ideias mutuamente dependentes. Quando me entrego aos meus impulsos, não sou livre; quando me entrego a uma vida racional, ajo em plena liberdade.

Husserl vincula a ética individual à ética social. A ética individual é aquela "ciência completa de uma vida ativa de uma subjetividade racional" (Husserl, 2014b, p. 21), isto é, aquela ciência que investiga os tipos de racionalidade subjacentes ao agir individual. A ética social, por sua vez, lidará com o agir individual em relação aos seus semelhantes. É aí que se inserem as investigações de Husserl sobre cultura, sociedade, comunidade e humanidade. Esses conceitos estão entrelaçados nas investigações husserlianas sobre a ética. Humanidade é uma comunidade universal, e "uma humanidade estende-se tanto quanto se estenda a unidade de uma cultura" (Husserl, 2014b, p. 21). O conceito básico para compreendermos a ideia de humanidade é, portanto, aquele de cultura. E eis como Husserl compreende o conceito de cultura:

> por *cultura* não entendemos outra coisa senão o conjunto de realizações que se efetivam nas atividades consecutivas do ser humano comunalizado, que têm

> uma existência espiritual permanente na unidade da consciência comunalizada e da sua tradição persistente (Husserl, 2014b, p. 21).

Aqui já se pode vislumbrar que Husserl não compreende a cultura como um determinado patrimônio histórico fixo de uma comunidade a ser transmitido de modo impositivo de geração a geração. Antes, a ideia de cultura é indissociável de uma dinâmica de interações sociais que a todo momento constituem formas culturais. Essas formas são produções ativas de sentido e, uma vez instituídas, poderão ser transmitidas às futuras gerações, mas na forma de propostas de sentido para a regulação da vida prática às quais tais gerações podem ou não aderir. A tradição é, portanto, uma proposta de vida a ser livremente adotada por uma determinada comunidade. A tradicionalização de uma sociedade não é, assim, um processo fatal de transmissão de um conjunto de formas culturais, mas um processo calcado na liberdade humana de aderir a, ou instituir, normas sociais. Daí que não exista algo como a cultura fixa, mas uma dinâmica de formas socioculturais sujeitas à preservação ou modificação.

Note-se uma estratificação nas investigações de Husserl sobre ética: o conjunto de realizações individuais formam a cultura; a cultura, por sua vez, institui uma comunidade; e uma comunidade universal é uma humanidade. Há que se investigar, portanto, a eticidade das realizações individuais que fundam a eticidade universal, aquela da humanidade.

Eis, assim, como a problemática ético-individual se conecta à problemática ético-social: esta última, que também podemos denominar socialidade, é um conjunto de normas orientadoras universais da vida prática instituída pelos atos dos sujeitos individuais; mas estes, como membros de uma comunidade, sujeitam-se àquelas normas, guiam suas ações práticas individuais por meio delas. O sujeito individual condiciona as normas universais que, por sua vez, condicionam suas ações. Essa circularidade é uma marca das análises de Husserl sobre a relação entre a ética individual e a social.

A cultura é uma "constante fonte de comunalização" (Husserl, 2014b, p. 22). É ela a responsável por unir os sujeitos individuais em laços comunitários. Ora, essa vida comunal, que é uma vida ativa, pode, segundo Husserl, "assumir a figura unitária da razão prática, a de uma vida ética" (Husserl, 2014b, p. 22). Cumpre investigar, portanto, de que modo uma vida comunitária pode ser uma vida ética, aquela vida marcada pela renovação, isto é, pela permanente reatualização da ideia da razão como guia para determinar as ações dos sujeitos de tal comunidade.

Para isso, Husserl analisa, primeiramente, quais seriam as marcas fundamentais de um agir ético individual. Essa investigação se dará em registro eidético, uma vez que se trata de uma análise fenomenológica. Assim, não serão avaliados se essa ou aquela ação é racional ou não, se é correta ou não, se é boa ou má. Antes, o que será analisado é a forma geral de uma ação racional. Há que se determinar, portanto, os "traços de essência do ser humano em geral" (Husserl, 2014b, p. 23). E a marca característica do ser humano em sua razão prática é a capacidade de autoconsciência. É essa capacidade que marcará a liberdade inerente ao agir racional. Segundo Husserl, o indivíduo tem a capacidade de tomar uma posição se referindo retrospectivamente à sua vida e aos seus atos pessoais. Isso é feito por meio do "autoconhecimento, a autovaloração e a autodeterminação prática (o querer próprio e a autoformação)" (Husserl, 2014b, p. 23). Essa capacidade o habilita a examinar seus atos reflexivamente em vez de sucumbir a eles. Trata-se de agir, e não de reagir, por assim dizer. Agir implica uma ação racional, já reagir é uma simples resposta irrefletida aos impulsos.

Husserl dirá que o agir livremente ativo é um agir autêntico. Uma vida autêntica é, portanto, aquela vida ética e racional. Logo, a autoconsciência dá ao indivíduo a

> capacidade de "obstar" aos efeitos do seu fazer passivo (o ser conscientemente impulsionado) e aos pressupostos que passivamente o motivam (tendências, opiniões), de pô-los em questão, de realizar as ponderações correspondentes e chegar a uma decisão voluntária somente com base no conhecimento (Husserl, 2014b, p. 24).

Ressalta-se que a capacidade reflexiva do indivíduo de ponderar suas ações e não seguir cegamente seus impulsos está sujeita ao imperativo da razão. Um agir que evita o automatismo da vida irrefletida é um agir que submete a vontade à razão, ao conhecimento. Não se trata, porém, de considerar a razão como um conjunto de conhecimentos fixos e imutáveis que, uma vez reconhecidos, devem ser adotados. Antes, diz-nos Husserl que o conhecimento racional ao qual o indivíduo submete seus atos livres pode ser inibido, posto outra vez em questão, ser sopesado e decidido (Husserl, 2014b, p. 24). Isso permite a formação do indivíduo, uma vez que ele decerto não pode desfazer uma ação já executada, mas pode:

> submeter à crítica volitiva posterior a vontade ativa, cuja validade perdura naturalmente na sua vida ulterior; pode, segundo o caso, confirmá-la na sua validade duradoura ou recusar-lhe esta validade prática num "não" volitivo (Husserl, 2006, p. 24).

O autoexame do indivíduo é a marca de sua perfectibilidade, ou seja, seu caminhar a uma vida ativa cada vez mais racional. Conforme Husserl, "à essência da vida humana pertence [...] a forma do esforço positivo" (Husserl, 2014b, p. 25), e "o ser humano erra porquanto se esforça" (Husserl, 2014b, p. 34). Uma vida perfeita, e não perfectível, não seria uma vida humana, e sim divina.

Disto surge a versão husserliana de imperativo categórico: "sê um verdadeiro ser humano; segue uma vida que possa justificar intelectivamente de ponta a ponta, uma vida provinda da razão prática" (Husserl, 2014b, p. 36). Essa capacidade de justificar intelectivamente suas ações e de não se entregar à contingência das circunstâncias é a marca de uma vida responsável. A "ponderação racional intelectiva" traz consigo a "consciência de responsabilidade da razão ou consciência ética" (Husserl, 2014b, p. 36). A vida ética é, assim, uma vida autorresponsável, aquela em que não terceirizo a causa dos meus atos. É aquela em que não digo que agi desse modo porque as circunstâncias me levaram a isso. Assim, conforme Husserl: "a pessoa absolutamente racional é *causa sui*" (Husserl, 2014b, p. 36). O ser humano autêntico é aquele responsável por todos os seus atos, aquele que é sempre capaz de dizer por que agiu de tal modo e cuja autoconsciência lhe permite reavaliar uma ação passada e eventualmente redirecionar seus esforços para caminhos melhores, isto é, mais racionais.

A ideia de razão pertence à ideia de ciência. Uma vida racional é, portanto, uma vida científica. Mas não se trata, aqui, de ciência no sentido usual do termo, como um domínio fechado de investigações que segue determinados procedimentos metódicos para confirmar quaisquer hipóteses. Antes, trata-se daquele sentido originário de ciência: o conhecimento atestado e legitimado pela intuição e pela evidência. Assim, ciência não é algo estático, e sim dinâmico: "Ciência estrita não é ser objetivo, mas antes devir de uma objetividade ideal" (Husserl, 2014b, p. 55). Ora, como o conjunto de atos individuais forma uma cultura, e essa, por sua vez, é a base de uma humanidade, tem-se então que a humanidade ética será aquela formada pelo conjunto de atos racionais. Temos, dessa forma, a proposta husserliana de uma humanidade autêntica como humanidade científica.

Uma vez que a ciência está em constante devir, a humanidade autêntica também estará em constante devir e autoformação. Assim como o agir individual pode "decair na 'servidão ética'" (Husserl, 2014b, p. 43), deixando-se arrebatar por impulsos e afecções, assim também a humanidade pode decair numa vida regida por motivos mitológico-religiosos (Husserl, 1989, p. 76). Mas uma humanidade só será uma humanidade autêntica na medida em que se submeter ao ideal de uma cultura científico-racional, isto é, uma cultura moldada por um conjunto de ações sempre passíveis de justificação e legitimação, e não imposta dogmaticamente por meio de crenças infundadas. Dado esse caráter livre, a humanidade autêntica será, assim como a vida ética individual, deliberada: os povos poderão aderir ou não a uma cultura científica e a uma vida racional. Essa humanidade autêntica, por ser fruto da essência do ser humano, é transnacional: é uma possibilidade disponível a todo e qualquer povo, e não um patrimônio de uma cultura específica, por exemplo, a europeia ou a ocidental. Qualquer povo que se proponha uma vida "provinda de uma vontade originária de renovação", que não se deixe guiar pela "passividade orgânica" ou que não se deixe "ser encaminhado e sugestionado a partir de fora" (Husserl, 2014b, p. 42), mas que se autodetermine por meio do constante esforço em direção à melhor configuração possível de laços comunais, poderá ser uma humanidade autêntica – isto é, uma humanidade não subjugada por quaisquer circunstâncias externas irracionais e impostas como que dogmaticamente aos indivíduos.

Décima lição

Mundo da vida

Uma consequência da crise das ciências, como vimos, é a perda da experiência concreta do mundo. Esse mundo é substituído pelo mundo formalizado das ciências. Devemos, segundo Husserl, recuperar essa experiência concreta, que seria, portanto, uma experiência pré-científica, entendendo-se por "científico" as ciências modernas. Trata-se de resgatar a riqueza da experiência subjetiva, que na compreensão científica do mundo é reduzida a uma experiência secundária. Trata-se, assim, de reencantar o mundo desencantado pelas ciências. Essa experiência pré-científica será capturada pelo conceito de mundo da vida.

O mundo, tal qual descrito pelas ciências modernas, oculta um sentido mais originário dele próprio. O resgate desse sentido, contudo, não se dará de modo arbitrário, sem uma abordagem sistemática e mesmo científica. Abordar o mundo de modo científico não pode ser reduzido a abordá-lo segundo os parâmetros da ciência moderna, já que essa não esgota o sentido de cientificidade. O que Husserl pretende é justamente apresentar uma abordagem científica do mundo da vida que escapa à cientificidade das ciências modernas, pois essa precisa descartar a lida subjetiva com o mundo para priorizar a lida objetiva. As ciências modernas compreendem o subjetivo como meramente relativo à subjetividade psicológica, como aquilo que é particular da vivência singular de cada indivíduo que experiencia o mundo. Por isso, nada do que é subjetivo deve pertencer ao conjunto de afirmações científico-objetivas sobre o mundo, já que o subjetivo se compõe de experiências particulares dos sujeitos que ora experienciam o mundo dessa e daquela forma, conforme esses e aqueles contornos específicos de suas vivências. Mas a experiência subjetiva do mundo que Husserl pretende recuperar não é essa pertencente às vivências do sujeito singular, e sim uma experiência mais geral, que poderá ser capturada pelo método científico próprio à fenomenologia: a visão de essências. Assim, o mundo da vida, ou seja, aquele que experienciamos na nossa lida cotidiana e pré-científica, será delineado em seus traços essenciais, invariantes. Em suma, o que se busca é apresentar a estrutura invariante do mundo da vida. Explica Husserl: "talvez a cientificidade que este mundo da vida, como tal e na sua universalidade, exige, seja uma cientificidade específica, justamente não lógico-objetiva" (Husserl, 2012a, p. 127).

Na verdade, a experiência pré-científica do mundo é a base da experiência científica. A experiência científica, que menospreza a vida subjetiva, *pressupõe* justamente essa vida, na medida em que a ciência é um correlato da atividade humana de matematizar o mundo, de abordá-lo por um olhar teórico. Sem essa atitude teórica do pensar, o mundo objetivo das ciências não existiria. As ciências modernas fazem uma inversão peculiar, portanto: suprimem aquilo que é a condição de sua existência. O subjetivo realiza uma formalização do mundo para depois ser descartado pelas ciências como desprovido de valor. A ciência objetiva tem as suas "premissas, as suas fontes de evidência, naquilo que é relativo ao sujeito" (Husserl, 2012a, p. 136).

Alguns cientistas pretendem mesmo afirmar que o mundo tal qual nos aparece é falso, e que somente o mundo explicado pelas ciências é verdadeiro. Cores, por exemplo, não existiriam de fato, mas apenas os fenômenos físico-químicos que as provocam e que são estudados pelas ciências naturais. Para Husserl, ao contrário, há um primado da imagem manifesta ao ser humano com respeito à imagem científica do mundo, no sentido de que esta última supõe aquela para fazer sentido. Além disso, Husserl defende que a ciência objetiva não é a medida de todas as coisas. Isso não significa, contudo, que a experiência subjetiva seja a medida de todas as coisas, nem de afirmar que o mundo explicado pelas ciências não existe de fato. Não se trata de afirmar, por exemplo, que a cor é que existe verdadeiramente e que os fenômenos físico-químicos que as causam inexistem. Antes, significa que tanto a experiência concreta subjetiva do mundo da vida quanto a experiência objetiva das ciências modernas têm seu valor, mas que nenhuma delas é universal, como a ciência moderna pretende que a experiência objetiva o seja. A ciência acreditaria ser a única capaz de apresentar rigorosamente o mundo. Husserl, contudo, propõe-se a mostrar que a experiência subjetiva também o é, e é mesmo pressuposta pelas ciências. Disto resulta uma dupla tarefa do conceito de mundo da vida: mostrar que há uma abordagem científica não objetivista do mundo concreto e que esta atua como pressuposto da abordagem científico-objetivista.

Ao lado de uma atitude teórica do pensar com relação ao mundo, há diversas outras atitudes. Na lida cotidiana somos cidadãos, temos funções sociais, exercemos cargos, além de nos engajarmos em projetos, estabelecermos relações afetivas etc. Contudo não é isso o que determinará o mundo da vida em sua universalidade. Além de realizar uma *epoché* com relação à ciência objetiva – não negando sua abordagem de mundo, mas apenas a suspendendo –, o mundo da vida exigirá que também realizemos uma *epoché* dessas experiências particulares cotidianas. Importa ressaltar, contudo, que essa *epoché* é uma suspensão da lida particular do sujeito singular com o mundo, mas não uma suspensão da atitude natural. A tematização do mundo da vida em seus traços universais não exige, portanto, a redução transcendental, aquela que desvela a subjetividade transcendental e sua experiência de fenômenos transcendentais. A experiência concreta do mundo da vida admite uma abordagem científica "sem qualquer interesse transcendental, ou seja, na 'atitude natural'" (Husserl, 2012a, p. 176).

Mas do que é que trata, então, o mundo da vida? Se não trata do mundo tal qual descrito pelas ciências nem das experiências subjetivas de cada ser humano, do que ele trata? Ora, tanto a experiência subjetiva de cada ser humano singular quanto a experiência resultante da atitude teórica do cientista são experiências relativas a um determinado modo de pensar; respectivamente, relativas ao pensar da lida cotidiana e ao pensar teórico. Porém, ambas as experiências relativas pressupõem um mundo concreto ao qual são relativas. É esse mundo concreto que será tematizado pelo mundo da vida. Tal mundo é certamente relativo ao sujeito, pois o conceito de mundo é sempre relativo ao sujeito; mas não será relativo a essa ou aquela lida particular, seja científica ou não. Antes, será relativa a toda e qualquer lida com o mundo. É o mundo subjacente a qualquer modo de relação a ele que se configurará como mundo da vida. Esse mundo apresenta uma estrutura geral sobre a qual podemos fazer ciência ou lidar com as coisas no nosso dia a dia. É essa estrutura geral que será capturada pelo conceito de mundo da vida. Explica Husserl:

> essa estrutura geral, a que todo ente relativo está vinculado, não é ela mesma relativa. Podemos observá-la em sua generalidade, e com o devido cuidado estabelecê-la igualmente como acessível de uma vez por todas e para todos (Husserl, 2012a, p. 142).

É assim que o mundo, quer seja experienciado por cientistas ou não; por uma pessoa nascida há mil anos; em qualquer região etc., apresentará determinados atributos irrelativos a essas experiências particulares, embora sejam sempre relativos a qualquer experiência em geral. Esse mundo é simplesmente um "mundo espaçotemporal de coisas", um "horizonte de mundo como horizonte da experiência possível das coisas", tais quais "pedras, animais, plantas, também seres humanos e configurações humanas" (Husserl, 2012a, p. 141). É assim que toda e qualquer experiência pressupõe um mundo pré-dado, isto é, anterior ao que quer que façamos com ele, seja ciência, seja um manuseio utilitário das coisas, seja contemplá-lo esteticamente. A espaço-temporalidade da exatidão geométrica, por exemplo, que trata de retas ou planos puros, é aquela mesma espaço-temporalidade do mundo pré-científico do mundo da vida, apenas abordada de um outro modo. O mundo da ciência não é um outro mundo: é o mesmo mundo concreto da vida, apenas vivido de outro modo, no caso um modo especificamente teórico do pensar. Não existe um mundo além das aparições, um mundo mais verdadeiro descrito pelas ciências que estaria além do mundo relativo à experiência subjetiva. O mundo subjetivo-relativo é tão real quanto o mundo lógico-objetivo, sendo este último, na verdade, dependente do primeiro, no sentido de o pressupor. Em Husserl, portanto, não faz sentido algum afirmar que o mundo das partículas inobserváveis que compõem as ciências da natureza é mais verdadeiro do que o mundo de coisas coloridas e tocáveis que observamos na experiência pré-científica. Ambos são igualmente válidos, embora a experiência científica seja uma idealização desse mundo pré-científico, portanto uma experiência particular, unilateral e que não esgota o mundo, que não dá conta de explicá-lo em sua totalidade. Alguns cientistas propõem que a ciência seja capaz de uma explicação total do mundo, e a noção de mundo da vida vai justamente mostrar a impossibilidade dessa explicação, na medida em que desvela sua unilateralidade (o que não implica sua invalidade).

Mesmo as ciências mais formais e abstratas, como a lógica e a matemática, despontam do solo concreto do mundo da vida, ou seja, do mundo de coisas. Enfatiza Husserl que há que se compreender como

> as indagações universais acerca do modo como o *a priori* "objetivo" se fundam no *a priori* "relativo ao sujeito" do mundo da vida ou, por exemplo, como tem a evidência matemática a sua fonte de sentido e *de jure* na evidência própria do mundo da vida (Husserl, 2012a, p. 143).

A mesma coisa se passa em relação à lógica: a "pretensa lógica inteiramente autônoma que os logísticos modernos acreditam poder elaborar [...] não é mais do que uma ingenuidade", e sem o solo concreto do mundo da vida, a lógica como que "paira sem fundamento no ar" (Husserl, 2012a, p. 144). Significaria isso uma recaída tardia de Husserl no psicologismo que a fenomenologia inicial tanto combateu? Certamente que não, pois não significa que a lógica e a matemática se reduzam ao mundo ou que tratem de fatos mundanos, e sim que a experiência lógica ou matemática é dependente de uma experiência pré-lógica e pré-matemática do mundo concreto. As idealidades puras da lógica e da matemática certamente apresentam uma validade em si, mas sua captação pela consciência é dependente da experiência concreta do mundo.

Eis, portanto, o mundo da vida, o mundo concreto que é resgatado pela experiência pré-científica, cujos componentes essenciais são os seguintes:

> seres inanimados e vivos; quanto aos primeiros, os seres humanos e os animais como eu-sujeitos (em um sentido extremamente amplo), meras coisas a eles contrapostas, que agora podem portar os predicados de significado (predicados culturais) que lhes são dados

> pelos eu-sujeitos como uma espécie de espiritualidade objetiva secundária; seres humanos que vivem no mundo, que agem no mundo, conferindo-lhe assim sua dimensão histórico-espiritual (Husserl, 1993, p. 146).

É esse mundo concreto o solo originário da nossa vida. É ele, em suma, o mundo em que vivemos. E é ele que a fenomenologia tematizará como fundamento último de todas as realizações humanas.

Referências

ALVES, P. *Apresentação da Tradução Portuguesa*. In: HUSSERL, E. Investigações lógicas, V. II, Parte I, Investigações para a fenomenologia e a teoria do conhecimento. Trad. P.M.S. Alves; C.A. Morujão. Rio de Janeiro: Forense Universitária, 2012b, pp. XIII-XX.

BEYER, C. Edmund Husserl. *The Stanford Encyclopedia of Philosophy*, [*s. l.*], 2022. Disponível em: https://plato.stanford.edu/archives/win2022/entries/husserl/. Acesso em: 10 mai. 2024.

BIEMEL, W. Die entscheidenden Phasen der Entfaltung von Husserls Philosophie. *Zeitschrift Für Philosophische Forschung*, Ann Arbor, v. 13, n. 2, p. 187-213, 1959. Disponível em: http://www.jstor.org/stable/20481048. Acesso em: 10 mai. 2024.

CROWELL, S. *Normativity and phenomenology in Husserl and Heidegger*. Cambridge: Cambridge University Press, 2013.

DE BOER, T. *The Development of Husserl's thought*. Leiden: Martinus Nijhoof, 1978.

FIDALGO, A. A fenomenologia de Munique. *Revista Portuguesa de Filosofia*, [*s. l.*], v. 44, n. 3, p. 427-446, 1988.

FREGE, G. Review of Dr. E. Husserl's philosophy of arithmetic. *In*: MOHANTY, J. N. (ed.). *Readings on Edmund Husserl's logical investigations*. Leiden: Martinus Nijhoff, 1977. p. 6-21.

HUSSERL, E. *A filosofia como ciência de rigor*. Coimbra: Atlântida, 1965.

HUSSERL, E. *Philosophie der Arithmetik*. Husserliana. Leiden: Martinus Nijhoff, 1970. v. XII.

HUSSERL, E. *Formale und transzendentale Logik*. Versuch einer Kritik der logischen Vernunft. Mit ergänzenden Texten. Husserliana. Leiden: Martinus Nijhoff, 1974. v. XVII.

HUSSERL, E. *Logische Untersuchungen*. Prolegomena zur reinen Logik. Text der 1. und 2. Auflage. Husserliana. Leiden: Martinus Nijhoof, 1975. v. XVIII/1.

HUSSERL, E. *Aufsätze und Rezensionen (1890-1910)*. Husserliana. Leiden: Martinus Nijhoff, 1979. v. XXII.

HUSSERL, E. *Logische Untersuchungen*. Untersuchungen zur Phänomenologie und Theorie der Erkenntnis. Zweiter Teil. Husserliana. Alphen aan den Rijn: Kluwer Academic Publishers, 1984. v. XIX/2.

HUSSERL, E. *Die Phänomenologie und die Funadmente der Wissenschaften*: Text nach Husserliana. Husserliana. Hamburg: Meiner, 1986. v. V.

HUSSERL, E. *Aufsätze und Vorträge (1911-1921)*. Husserliana. Leiden: Martinus Nijhoff, 1987. v. XXV.

HUSSERL, E. *Aufsätze und Vorträge. 1922-1937*. Husserliana. Alphen aan den Rijn: Kluwer Academic Publishers, 1989. v. XVII.

HUSSERL, E. *Die Krisis der europaischen Wissenschaften und die transzendentale Phänomenologie*. Ergänzungsband. Texte aus dem Nachlass 1934-1937. Husserliana. Alphen aan den Rijn: Kluwer Academic Publishers, 1993. v. XXIX.

HUSSERL, E. *Lições para uma fenomenologia da consciência interna do tempo*. Lisboa: Imprensa Nacional-Casa da Moeda, 1994.

HUSSERL, E. *Logische Untersuchungen Ergänzungsband Erster Teil – Entwürfe zur Umarbeitung der VI*. Untersuchung und zur Vorrede für die Neuauflage der Logischen Untersuchungen. Husserliana. Alphen aan den Rijn: Kluwer Academic Publishers, 2002. v. XX/1.

HUSSERL, E. *Ideias para uma fenomenologia pura e para uma filosofia fenomenológica*: introdução geral à fenomenologia pura. Aparecida: Ideias & Letras, 2006.

HUSSERL, E. *Investigações lógicas*. Volume II, Parte II, Investigações para a fenomenologia e a teoria do conhecimento. Trad. C.A. Morujão. Lisboa: Centro de Filosofia da Universidade de Lisboa, 2007a.

HUSSERL, E. *Lições sobre a teoria da significação*. Lisboa: Centro de Filosofia da Universidade de Lisboa, 2007b.

HUSSERL, E. *A crise das ciências europeias e a fenomenologia transcendental*: uma introdução à filosofia fenomenológica. Rio de Janeiro: Forense, 2012a.

HUSSERL, E. *Investigações lógicas*, Volume II, Parte I, Investigações para a fenomenologia e a teoria do conhecimento. Trad. P.M.S. Alves; C.A. Morujão. Rio de Janeiro: Forense Universitária, 2012b.

HUSSERL, E. *Meditações cartesianas e conferências de Paris*. Rio de Janeiro: Forense, 2013.

HUSSERL, E. *Investigações lógicas*, Volume I, Prolegômenos à lógica pura. Rio de Janeiro: Forense, 2014a.

HUSSERL, E. Europa: crise e renovação: artigos para a revista Kaizo - a crise da humanidade europeia e a filosofia. Tradução Pedro M.S. Alves e Carlos Aurélio Morujão. Rio de Janeiro: Forense Universitária, 2014ab.

HUSSERL, E. *A ideia da fenomenologia – cinco Lições*. Trad. M.L. Miranda. Petrópolis: Vozes, 2020.

HUSSERL, E. *Psicologia fenomenológica e fenomenologia transcendental – textos selecionados (1927-1935)*. Petrópolis: Vozes, 2022.

IERNA, C. The Brentanist philosophy of mathematics in Edmund Husserl's early works. *In*: CENTRONE, S. (ed.). *Essays on Husserl's logic and philosophy of mathematics*. Dordrecht: Springer Dordrecht, 2017. p. 147-168.

KLEIN, J. Phenomenology and the history of science. *In*: FARBER, M. (ed.). *Philosophical essays in memory of Edmund Husserl*. Cambridge: Harvard University Press, 1940. p. 143-163.

LANDGREBE, L. Edmund Husserl. *In*: Encyclopedia Britannica. Londres: Britannica, 2023. Disponível em: https://www.britannica.com/biography/Edmund-Husserl. Acesso em: 11 jan. 2024.

SACRINI, M. *A cientificidade na fenomenologia de Husserl*. São Paulo: Loyola, 2018.

SALANSKIS, J.-M. *Husserl*. São Paulo: Estação Liberdade, 2006.

SCHMIT, R. *Husserls Philosophie der Mathematik*. Bonn: Bouvier, 1981.

SCHUHMANN, K. *Husserl-Chronik*: Denk- und Lebensweg Edmund Husserls. Dordrecht: Springer, 1977.

SCHUHMANN, K. Malvine Husserls "Skizze eines Lebensbildes von E. Husserl". *Husserl Studies*, [*s. l.*], v. 5, n. 2, p. 105-125, 1988.

SCHUHMANN, K. *Edmund Husserl – Briefwechsel*. Dordrecht: Springer Dordrecht, 1994.

SPIEGELBERG, H. *The phenomenological movement*: A historical introduction. Leiden: Martinus Nijhoff, 1965.

Conecte-se conosco:

facebook.com/editoravozes

@editoravozes

@editora_vozes

youtube.com/editoravozes

+55 24 2233-9033

www.vozes.com.br

Conheça nossas lojas:

www.livrariavozes.com.br

Belo Horizonte – Brasília – Campinas – Cuiabá – Curitiba
Fortaleza – Juiz de Fora – Petrópolis – Recife – São Paulo

EDITORA VOZES LTDA.
Rua Frei Luís, 100 – Centro – Cep 25689-900 – Petrópolis, RJ
Tel.: (24) 2233-9000 – E-mail: vendas@vozes.com.br